A DICTIONARY OF ECONOMICS

AND BUSINESS

English - Arabic

A DICTIONARY OF ECONOMICS AND BUSINESS

English – Arabic

Pallas Athena Distribution

Lund

2013

A Dictionary of Economics and Business, English - Arabic

All Rights Reserved
Copyright © 2013 by Joyce Åkesson
2013 Pallas Athena Distribution, Skarpskyttevägen 10 A, 226 42 Lund, Sweden.

Book design by Joyce Åkesson

This book may not be reproduced, stored in a retrieval system or transmitted in any form or by any means, electronic, mechanical, photocopying, recording, scanning or otherwise without the prior permission of the Publisher except in the case of brief quotations embodied in critical articles and reviews.

ISBN: 978-91-978954-4-6
PRINTED IN THE UNITED STATES OF AMERICA

ALSO BY JOYCE ÅKESSON

Arabic Love Poetry from the Desert, Majnun Leyla, Arabic text, commentary and translations, Pallas Athena Distribution, Feb 2012.

Arabic Proverbs and Wise Sayings, December 2011.

Causes and Principles in Arabic, Pallas Athena Distribution, June 2011.

A Study of Arabic Phonology, Pallas Athena Distribution, August 2010.

The Basics & Intricacies of Arabic Morphology, Pallas Athena Distribution, July 2010.

The Phonological Changes due to the Hamza and Weak Consonant in Arabic, Pallas Athena Distribution, April 2010.

A Study of the Assimilation and Substitution in Arabic, Pallas Athena Distribution, March 2010.

The Essentials of the Class of the Strong Verb in Arabic, Pallas Athena Distribution, January 2010

The Complexity of the Irregular Verbal and Nominal Forms & the Phonological Changes in Arabic, Pallas Athena Distribution, April 2009.

Arabic Morphology and Phonology: Based on the Marāḥ al-Arwāḥ by Aḥmad b. ᶜAlī b. Masᶜūd, Studies in Semitic

Languages and Linguistics, Brill Academic Publishers, July 2001.

Aḥmad B. ᶜAlī B. Masᶜūd on Arabic Morphology, Marāḥ al-Arwāḥ: Part 1: The Strong Verb, Studia Orientalia Lundensia, Vol. 4, Brill Academic Publishers, October 1990.

POETRY

Majnūn Leyla: Poems about Passion, Pallas Athena Distribution, December 2009.

The Invitation, Pallas Athena Distribution, July 2009.

Love's Thrilling Dimensions, Pallas Athena Distribution, February 2009.

CONTENTS

Preface   III

Dictionary with the letter

A	1
B	18
C	27
D	56
E	69
F	81
G	91

H	96
I	99
J	112
K	113
L	113
M	121
N	131
O	135
P	139
Q	155
R	155
S	161
T	172
U	180
V	183
W	186
Y	188
Z	189

PREFACE

The world of economics and business is the backbone of any society. This Dictionary provides an up-to-date terminology of economic and business terms in the two languages of English and Arabic, covering several areas such as finance, banking, commerce, real estate, taxes, stocks, bonds, and much more. It is designed to facilitate communication and cross linguistic barriers. It is suitable for students, research scholars, professionals, business people, those working in the Middle East and anyone seeking a better understanding of this specific terminology.

IV

I wish to thank my mother, Irene Ekeland, my brother, James Hakim, my husband, Anders, and my son, Filip, for their support and encouragement.

- A -

Abandonment تخلّ عن ملك - تخلّ عن حق

Abatement تخفيض - خمود - إلغاء

Ability to analyze القدرة للتحليل

Ability to pay tax القدرة على سداد الضريبة

Ability to reimburse القدرة على السداد

Ability to respect the viewpoints of other members القدرة على إحترام وجهات نظر الأعضاء الآخرين

Above par فوق السعر الأساسيّ

Abrasion تآكّل العملة

Absence غياب - فقدان

Absence leave إجازة إداريّة - أذن بالغياب

Absenteeism الغيابيّة

Absolute مطلق

Absolute amount قيمة مطلقة

Absolute contract عقد مطلق

Absolute endorsement تظهير مطلق

Absolute increment علاوة مطلقة

Absolute priority أولويّة مطلقة

Absolute title حقّ ملكيّة مطلق

Absorption تحمّل الرسوم

Absorption cost التكلفة التحميليّة

Absorption costing system نظام التكاليف الكليّة

Abstract fee رسم الخلاصة

Abstract of title خلاصة سند الملكيّة

Abundance الوفرة

Abundance economy إقتصاد الوفرة

Abuse يسئ الإستعمال

Accelerated depreciation of an asset الهلاك المتسارع لأصل ملموس

Accelerated premium علاوة متزايدة

Acceleration تعجيل

Acceleration clause شرط تعجيل

Acceleration of maturity تسريع الإستحقاق

Acceleration principle مبدأ تعجيل

Acceptable مقبول

Acceptance قبول - قبول الصكّ

Acceptance bank مصرف لقبول السندات

Acceptance bill of exchange كمبيالة للقبول

Acceptance check شيك بموجب القبول

Acceptance for honor تدخّل الغير فى قبول الكمبيالة

Acceptance of the offer قبول العرض

Accident insurance التأمين ضد الحوادث

Accident rate معدّل وقوع الحوداث

Accidental death and dismemberment الموت والتجزئة العرضيّة

Accomplishment إنجاز

Accordance إنسجام - مطابقة

Account حساب

Account balance رصيد الحساب

Account holder صاحب الحساب

Account maintenance fees رسوم صيانة الحساب

Account records سجل الحساب

Accountability - تأدية الحساب مسؤوليّة محاسبة

Accountancy المحاسبة

Accountant محاسب

Accounting المحاسبة

Accounting association جمعيّة محاسبة

Accounting assumptions
الإفتراضات المحاسبيّة
Accounting changes التغيّرات
المحاسبيّة
Accounting concepts المفاهيم
المحاسبيّة - المبادئ المحاسبيّة
Accounting constraints القيود
المحاسبية - المحدّدات المحاسبيّة
Accounting cycle الدورة المحاسبيّة
Accounting elements العناصر
المحاسبيّة
Accounting equation المعادلة
المحاسبيّة
Accounting income الدخل
المحاسبىّ
Accounting information المعلومات
المحاسبيّة
Accounting liquidity محاسبة
السيولة
Accounting machine آلة المحاسبة
Accounting measurement and
disclosure محاسبة القياس
والإفصاح
Accounting method الطريقة
المحاسبيّة - النظريّة المحاسبيّة
Accounting objectives الأهداف
المحاسبيّة
Accounting period فترة محاسبيّة
Accounting policies السياسات
المحاسبيّة
Accounting principles المبادئ
المحاسبيّة
Accounting principles and
treatments المبادئ المحاسبيّة
وأنواع المعاملة
Accounting procedures الإجراءات
المحاسبيّة
Accounting research bulletins
نشرات البحوث المحاسبيّة
Accounting standards المعايير
المحاسبيّة
Accounting systems النظم

المحاسبيّة

Accounting timing difference محاسبة توقيت الإختلاف

Accounting treatment المعالجة المحاسبيّة

Accounts payable حسابات الدائنين

Accounts receivable حسابات مدينّة

Accounts receivable financing تمويل عن طريق حسابات مدينّة

Accreditation تفويض

Accretion الزيادة أو النمو

Accrual accounting أساس الإستحقاق فى المحاسبة

Accrual accounting convention إتّفاقيّة محاسبة على أساس الإستحقاق

Accrual-based financial statement القوائم الماليّة الموضوعة على أساس الإستحقاق

Accrual basis أساس الإستحقاق

Accrual basis of accounting أساس الإستحقاق المحاسبيّ

Accrual concept مفهوم الإستحقاق

Accrual interest الفائدة المستحقّة

Accruals مستحقّات - مصاريف مستحقّة

Accrued dividend حصّة أرباح مستحقّة

Accrued expenses مصروفات مستحقّة الدفع

Accrued inventory المخزون المتراكم

Accrued revenues إيرادات مستحقّة القبض

Accrued tax إحتياطيّ ضرائب

Accumulated depreciation مجمع الإهتلاك

Accumulated earnings tax ضريبة على الإحتياطيّات

Accumulated other comprehensive income الدخل الشامل الآخر المتراكم

Accumulated profit الربح المتراكم

Accumulated profit tax ضريبة

أرباح متجمّعة
Accumulating متراكم
Accumulation distribution line خط توزيع متراكم
Accuracy ضبط - دقّة
Accurately على نحو دقيق
Achieve تحقّق
Acknowledgment of indebtedness الإعتراف بالدين
Acknowledgments الإقرارات
Acquired needs theory نظريّة الحاجات المكتسبة
Acquired surplus الفائض المكتسب
Acquiring إكتساب
Acquisition اقتناء - إكتساب - تملّك - الحيازة الملكيّة
Acquisition cost - تكلفة الإقتناء تكلفة الحصول على الأصول
Acquisition of holdings تملّك الأسهم
Acquisition premium علاوة استحقاق
Acquisitions and investments المكتسبات والإستثمارات
Acronym مختصر
Acting in concert عمل سوية
Action plans مشاريع التخطيط
Actionability القدرة على الفعل
Activator منشّط
Active balance ميزان موجب
Active loan قرض مثمر - قرض منتج - قرض نشيط
Active portfolio strategy إستراتيجيّة الحافظة النشيطة
Active saving account حساب توفير نشيط
Active training methods طرق تدريب نشيطة
Activities نشاطات
Actual amount - المبلغ الفعليّ القيمة الحقيقيّة
Actual asset أصل حقيقيّ

Actual basis of accounting أساس الإستحقاق المحاسبيّ
Actual cost of work performed تكلفة فعليّة عن العمل المنجز
Actual costs تكلفة حقيقيّة
Actual data بيانات واقعيّة
Actual loss خسارة فعليّة
Actual tare وزن العبوات الفعليّ
Actual tax ضريبة فعليّة - ضريبة عينيّة
Actuarial present value القيمة الحاليّة التأمينيّة
Actuary خبير حسابات تأمين
Ad hoc arbitrator الحكم الخاص
Ad-valorem tax ضريبة القيمة المضافة
Add يجمع - يزيد - يضمّ
Added value tax ضريبة على القيمة المضافة
Addition علاوة
Additional إضافيّ - زائد - ملحق

Additional allowance علاوة اضافيّة
Additional asset stipulation إشتراط الثروة الإضافيّ
Additional credit حدّ إئتمانيّ إضافيّ
Additional duty ضريبة إضافيّة
Additional estate tax ضريبة تركات إضافيّة
Additional interest فائدة إضافيّة
Additional tax ضريبة إضافيّة أو تكميليّة
Additions and betterments إضافات وتحسينات
Adequacy of coverage التغطية الكاملة
Adequate ملائم - واف بالمراد
Adequate disclosure مفهوم الإفصاح التام
Adequately كما ينبغي
Adherence إنضمام

Adjudication حكم - قرار

Adjudication order أمر بشهر الإفلاس

Adjunct account حساب ملحق

Adjustable rate سعر قابل للتعديل

Adjustable rate mortgage سعر الرهن القابل للتعديل

Adjusted book value القيمة الدفتريّة المعدّلة

Adjusted cost of capital تكلفة رأس المال المعدّلة

Adjusted gross income مجموع الدخل الإجماليّ المسوّي

Adjusted interest rate نسبة الفائدة المعدّلة

Adjusted operating profit الربح التشغيليّ المعدّل

Adjusted return on assets العائد على الأصول المعدّل

Adjusted return on equity العائد على حقوق الملكيّة المعدّل

Adjusted trial balance ميزان المراجعة المعدّل

Adjusting entry قيد تسوية

Adjustment تسوية - تعديل - إصلاح

Adjustment bond سند تسوية

Administration إدارة - مصلحة

Administration council مجلس الإدارة

Administration expenses مصاريف إداريّة

Administrative assessment تقدير ضريبيّ مصلحيّ

Administrative efficiency كفاءه إداريّة

Administrative expense rate معدّل المصاريف الإداريّة

Administrative expenses مصاريف إداريّة

Administrative law قانون إداريّ

Administrative policy سياسة إداريّة

Administrator مدير

Admission سماح - قبول - دخول

Admission of partner ضمّ شريك

Adulteration غشّ

Advance مقدّم - قرض - سلفيّة

Advance account حساب مدفوع مقدّماً

Advance against merchandise قرض بضمان بضاعة

Advance against securities قرض بضمان أوراق ماليّة

Advance bill فاتورة مسبّقة

Advance commitment إلتزام متقدّم

Advance deposit وديعة مقدّمة

Advance deposit requirement متطلّب الإيداع المقدّم

Advance guaranteed قرض مضمون

Advance on a mortgage قرض مقابل رهن

Advance on warrant قرض بضمان رهن

Advance payment bond خطاب ضمان دفعة مقدّمة

Advance unsecured قرض على المكشوف - قرض بدون ضمان

Advance tax ضريبة مسدّدة مقدّماً

Advanced micro devices أدوات دقيقة متقدّمة

Advancement تقدّم

Advantages مزايا - فوائد

Adventure مخاطرة ماليّة

Adverse balance أي مبلغ مديّن يظهر في الحساب

Adverse impact تأثير مضاد

Adverse interest مصلحة متضاربة

Adverse opinion رأي عكسيّ

Advertising الإعلان - النشر

Advertising agency وكالة إعلان

Advertising allowance علاوة الإعلان

Advertising budget ميزانيّة الإعلان

Advertising campaign حملة إعلانيّة

Advertising costs تكاليف الإعلان

Advertising medium وسيلة إعلان

Advisory letter رسالة إستشاريّة

Affairs أعمال - أشغال

Affidavit شهادة خطّيّة بقسم

Affiliate مؤسّسة فرعيّة

Affiliated corporation شركة منتسبة

Affirmative covenant ميثاق توكيديّ

Affirmative obligation إلتزام توكيديّ

Affordability index دليل قابليّة تحمّل

After acquired clause بعد البند المكتسب

After date من تاريخه

After-hours dealing or trading التعامل أو التجارة بعد الإغلاق

After sight بعد الإطّلاع

After-tax basis على أساس ما بعد الضرائب

After-tax profits صافي الأرباح بعد خصم الضرائب

After-tax yield العائد بعد خصم الضرائب

Aftermarket بعد التسويق

Aftermath الأثر

Age of inventory عمر البضاعة في المخازن حتى يتمّ بيعها

Aged portfolio محفظة متقادمة

Agency توكيل - وكالة

Agenda جدول الأعمال

Agent وكيل - مندوب - نائب

Agents of production عوامل الإنتاج

Aggregate المجموع

Aggregate inventory management techniques تقنيّات إدارة المخزون الكلّيّة

Aggregated disclosure الإفصاح بطريقة الإجمال

Aggregation التجمّع

Aggressive growth mutual fund صندوق تعاوين حاد النمو

Aggressive pricing policy سياسة تسعير عدوانيّة

Aggressive selling policy سياسة بيعيّة عدوانيّة

Aging of accounts receivable العمر لحسابات الذمم المدينّة

Aging of loans تقادم القروض

Aging of portfolio تقادم المحفظة

Aging schedule جدول التقادم

Agio عمولة الصرافة

Agrarian policy سياسة زراعيّة

Agreed-upon procedure إجراء متّفق عليه - إجراء متعارف عليه

Agreement إتّفاق

Agreement among underwriters إتّفاقية بين الوكلاء

Agreement in restraint of trade إتّفاق لعرقلة التجارة

Agribusiness أعمال زراعيّة

Agricultural land أرض زراعيّة

Agriculture land taxes ضريبة الأطيان الزراعيّة

Air cargo حمولة مشحونة جوّاً

Air express الشحن الجوّي السريع

Air freight الشحن الجوّي

Air mail بريد جوّي

Airline شركة طيران

Airway bill بوليصة الشحن الجوّي

Algorithm منهاج لحساب خوارزميّة - لوغاريتم

Alien corporation شركة أجنبيّة

Alimony نفقة الزوجة المطلّقة

All-in cost الكلفة الكلّيّة

Allied member عضوّ متحالف

Allocating resources تخصيص الموارد

Allocation - تخصيص - توزيع

علاوة
Allocation of loan proceeds
تخصيص المتحصّلات من القروض
Allocation of net income
تخصيص صافي الربح
Allocation of profits تخصيص الأرباح
Allocation of resources تخصيص المصادر
Allocation of shares تخصيص الأسهم
Allotment إكتتاب تقسيم الحصص أو الأسهم
Allotment letter رسالة تخصيص الأسهم والسندات
Allotment of shares تخصيص الأسهم - توزيع الأسهم
Allotted deposit وديعة مخصّصة
Allowance بدل - علاوة - تعويض
Allowance for doubtful account علاوة للحسابات المريبة

Allowance for exchange علاوة لتغطية ذبذبات الصرف
Allowance for risk علاوة مخاطرة
Alternative dispute resolution قرار النزاع البديل
Alternative futures الأسهم المستقبليّة البديلة
Alternative investments الإستثمارات البديلة
Alternative mortgage instruments آلات الرهن البديلة
Alternative work arrangement ترتيب العمل البديل
Amendment تعديل - تحسين - تنقيح
Amortization إستهلاك الدين
Amortization factor عامل إيفاء دين
Amortization loan قرض مقرّر إستهلاكه
Amortization of a loan إستهلاك قرض

Amortization schedule جدول إستهلاك الدين

Amortized loan قرض مستهلك

Amount outstanding رصيد قائم

Amusement tax ضريبة الملاهي

Analogy تناظر

Analysis تحليل

Analysis certificate شهادة التحليل

Analysis of financial statements تحليل القوائم الماليّة

Analysis of variance تحليل التباين

Analyst expectations توقّعات محلّل

Analytical تحليليّ

Analytical and advisory activities أنشطة تحليليّة واستشاريّة

Analytical procedure إجراء تحليليّ

Analyzing business earnings تحليل مداخيل العمل

Analyzing liquidity and solvency تحليل السيولة والقدرة على الإفاء

Ancillary corporation شركة مساعدة

Announcement date تأريخ إعلان

Annual basis قاعدة سنويّة

Annual charges تكاليف سنويّة

Annual effective yield عائد فعليّ سنويّ

Annual exclusion إستثناء سنويّ

Annual fee رسوم سنويّة

Annual financial statements قوائم ماليّة سنويّة

Annual fund operating expenses مصاريف تشغيل الصندوق السنويّة

Annual holiday with pay إجازة سنويّة مدفوعة

Annual income دخل سنويّ

Annual increment علاوة سنويّة - زيادة سنويّة

Annual meeting إجتماع سنويّ

Annual percentage rate سعر الفائدة السنويّة

Annual percentage yield سعر

الفائدة السنويّة

Annual renewable term insurance تأمين التعبير القابل للتجديد السنويّ

Annual report تقرير سنويّ

Annual salary معاش أو راتب سنويّ

Annual wage plan خطّة الأجر السنويّة

Annual work program برنامج عمل سنويّ

Annualized سنويّ

Annualized gain مكسب سنويّ

Annualized percentage rate سعر الفائدة السنويّ

Annuitant صاحب معاش - متقاعد

Annuity معاش التقاعد - راتب عمريّ

Annuity due حقّ معاش التقاعد السنويّ

Antecedent الأسبقيّة

Antedate يؤرّخ بتاريخ سنويّ

Anti-dilution ضدّ التخفيف

Anti-greenmail ضدّ مبالغ الترضية

Anti-inflation policy سياسة مضادة للتضخّم

Anti-persistence ضدّ الإصرار

Anticipate يتوقّع - يستبق العمل قبل حدوثه - يعجّل حدوث أمر

Anticipate problems توقّع المشاكل

Anticipated توقّع

Anticipated holding period فترة الحصّة المتوقّعة

Anticipated profit ربح متوقّع

Anticipated rate نسبة التوقّع

Antitrust laws القوانين المقاومة الإحتكار

Applicability تطبيق

Applicant طالب المساعدة - طالب الخدمة

Application طلب

Application for membership طلب العضويّة

Application for withdrawal طلب

الانسحاب

Application programs البرمجيات التطبيقيّة

Apply for a job قدّم طلبا للحصول على وظيفة

Apportion يوزّع

Apportionment التوزيع - التقسيم

Appraisal cost كلفة تقييم

Appraisal fee رسم التقييم - رسم التقدير

Appraisal ratio نسبة تقييم

Appraiser المقيّم

Appreciation تقدير

Approach نظرة

Approbation إعتمادات في ميزانيّة أو موازنة - إعتماد

Appropriate ملائم

Appropriation request طلب اعتماد

Approval قبول - إستحسان - إعتماد

Approving يوافق على - يستحسن

Aptitude كفاءة

Arbitrage مضاربة

Arbitrage in stocks موازنة أو مراجحة في الأسهم

Arbitrary assessment فرض ضريبة تحكّمياً

Arbitration تحكيم

Archive plan خطّة أرشيف

Area منطقة

Arithmetic حساب - علم الحساب

Arithmetic mean return عودةّ متوسط حسابي

Arm's length transaction صفقة طول الذراع

Arrangement ترتيب

Arrears متأخّرات

Articles of agreement مذكّرة إتّفاق

Articles of association نظام الشركة الأساسيّ

Articles of incorporation عقد

التأسيس	Asset activity ratios نسب نشاط الأصول
Artificial إصطناعيّ	Asset-based financing التمويل برهن الأصول
Artificial divisions إنقسامات اصطناعيّة	Asset-based lending الإقراض برهن الأصول
As per advice حسب الإشعار	Asset classes أصناف الأصول
Asked price سعر الطلب	Asset turnover ratio نسبة العائد على الأصول
Aspect هيئة - سيماء	
Assembly line production إنتاج نظام تجميع	Assets أصول
Assented bonds سندات تقرّر دفعها	Assets and liabilities أصول وخصوم
Assented securities سندات تقرّر ردها	Assignable يمكن تحويله
Assertion حدّد - قدّر - أخضع لضريبة - فرض ضريبة	Assignable account حساب محوّل
Assessed for impairment قيّم للضعف	Assigned مخصّص
	Assigned stock سهم محوّل
Assessed valuation التثمين المقيّم	Assignee الشخص المحوّل اليه
Assessing performance تقويم الأداء	Assigning يحدّد - يخصّص
Assessment فرض ضريبة - تقييم الضريبة الإضافيّة	Assignment تحديد - مهمّة
	Assignment allowance بدل انتقال - علاوة مقرّ العمل

Assignment of shares تداول الأسهم - نقل ملكيّة الأسهم

Assimilation إستيعاب

Associated - متّحد - منضمّ - تابع - ملحق

Association clause شرط تخصيص الأسهم للمساهمين

Association loan قرض مشترك

Assumed bonds سندات مضمونة من غير مصدرها

Assumed name إسم مستعار

Assumed risk مجازفة محتملة

Assumption فرضيّة - إفتراض

Assumption of mortgage تحمّل رهن

Assumption of office - تقلّد وظيفة قيام بإعباء وظيفة

Assurance تأمين - تعهّد - تأكيد

Assurance of delivery and correct count تأمين التسليم والإحصاء الصحيح

Assurance services خدمات يقدمّها مهنيّون مستقلّون لتحسين المعلومات

Attached deposits ودائع محجوزة تحفّظاً

Attachment حجز تحفّظيّ

Attachment proceedings إجراءات الحجز على المال

Attorney at law وكيل قانونيّ

Attorney-client privilege محاميّ زبون إمتياز

Attorney general نائب عام

Attorney in fact وكيل عاديّ

Attribute خاصيّة أو صفة مميّزة

Audit فحص الحسابات - مراجعة الحسابات

Audit charter دستور تدقيق

Audit committee لجنة تدقيق - لجنة مراجعة

Audit documentation وثائق تدقيق أو أوراق عمل المدقّق

Audit methodology علم منهج

مصلحة

Authority to purchase سند تفويض بالشراء

Authorization of loan موافقة على اعتماد - منح قرض

Authorized stock الأسهم المصرّح بها للتداول

Auto sales مبيعات السيارات الخفيفة

Automated آليّ

Automated banking system نظام الأعمال المصرفيّة الأوتوماتيكيّة

Automated clearinghouses دور المقاصة الآلية

Automated teller machine جهاز الصرف الأوتوماتيكيّ

Automatic data processing المعالجة الآلية للبيانات

Automatic deposit الإيداع الأوتوماتيكيّ

Automatic loan قرض تلقائيّ

Automatic paycheck deposit

تدقيق

Audit objective هدف تدقيق الحسابات - هدف مراجعة الحسابات

Audit ratio نسبة تدقيق

Audit report تقرير المراجعة

Audit risk خطر تدقيق - مخاطر التدقيق

Audit trail أثر تدقيق

Audited accounts حسابات مصدّق عليها - ميزانيّة معتمدة

Auditing مراجعة الحسابات - تدقيق الحسابات

Auditor مدقّق ميزانيّة وحسابات

Auditor report تقرير المراجع

Auditory learners المتعلّمون السمعيّون

Autarky الاكتفاء الذاتيّ - الحكم الذاتيّ

Authentication تصديق - توثيق

Authoritarian مستبدّ

Authorities سلطات عامة - هيئة -

إيداع الرواتب الأوتوماتيكيّ

Automatic payment الدفع الأوتوماتيكيّ

Automatic premium loan حسم القسط بصورة تلقائيّة

Automatic renewal التجديد الأوتوماتيكيّ

Automatic transfer التحويل الأوتوماتيكيّ

Autonomous agency مصلحة مستقلّة

Autonomous investment إستثمار مستقلّ

Auxiliary مساعد - إضافيّ - معاون

Auxiliary books دفاتر مساعدة

Auxiliary records دفاتر مساعدة

Availability توفّر

Available balance رصيد متيسّر

Available credit line حدّ التسليف المتيسّر

Available-for-sale financial assets أصول ماليّة متوفّرة للبيع

Available-for-sale securities أوراق ماليّة متاحة للبيع

Average معدّل - متوسّط - نسبة

Average age of accounts receivable العمر المتوسّط لحساب الذمم المدينة

Average collection period متوسّط فترة التحصيل

Average daily balance متوسّط الرصيد اليوميّ

- B -

Back charges مصاريف بأثر رجعيّ

Back label بطاقة ظهر العلبة

Back-order طلب متأخّر

Back pay راتب متأخّر

Back rent إيجار متأخّر

Back-to-back credit صفقة متكافئة

Back-to-work movement حركة

عودة العمّال إلى العمل

Backer داعم

Backflush costing نظام تأخير تكاليف الطلبيّات المرتبط بنظام صناعة المنتوج

Backing list قائمة تعبئة

Backlog أعمال متأخّرة

Backup نسخة إضافيّة أو إحتياطيّة

Backup withholding الضريبة المقتطعة

Backward chaining تقييد خلفيّ

Bad debt دين رديء

Bad debts ratio نسبة ديون معدومة

Bad loans قروض متعثّرة

Badger بائع متجوّل

Bail bond سند كفالة

Balance رصيد

Balance a checkbook موازنة دفتر الشيكات

Balance calculation method منهج حساب الرصيد

Balance carried forward الرصيد المنقول المدوّر

Balance of payments ميزان المدفوعات

Balance of primary incomes ميزان الدخول الأوّلية

Balance of trade ميزان تجاريّ

Balance sheet ميزانيّة عموميّة - قائمة المركز الماليّ

Balance sheet exposure تعرّض ميزانيّة

Balance sheet matching مجاراة الميزانيّة

Balanced budget ميزانيّة متكافئة

Balanced scorecard بطاقة النتائج المتوازنة

Balancing item بند التوازن

Balloon (payment) mortgage قرض يدفع دفعة واحدة

Band premium علاوة إصدار سندات

Bandwidth سعة انطاقيّة

Bank مصرف - بنك

Bank advance قرض مصرفيّ

Bank budget موازنة البنك

Bank charges مصاريف البنك

Bank check شيك مصرفيّ

Bank clearing مقاصة البنوك

Bank commission عمولة البنك

Bank commissioner مفوّض مراقبة المصارف

Bank control الرقابة على البنوك

Bank interest فائدة بنكيّة - فائدة مصرفيّة

Bank of issue بنك إصدار

Bank profile نشاط مصرف

Bank rate نسبة بنكيّة - نسبة مصرفيّة

Bank reconciliation تسوية حساب البنك

Bank reconciliation procedure إجراء تسوية بنكيّة

Bank reference مرجع إلى مصرف - مرجع مصرفيّ

Bank reserve إحتياطيّ مصرف

Bank run تهافت على سحب الودائع من مصرف

Bank secrecy سرّ مصرف

Bank shares أسهم مصرف

Bank signatories مفوضّون بالتوقيع في مصرف

Bank smash إفلاس مصرف - إنهيار مصرف

Bank supervisions سلطات مراقبة البنوك والإشراف عليها

Bank verification تحقّق البنك

Banking أعمال مصرفيّة

Banking authorities سلطات مراقبة البنوك

Banking commission عمولة مصرف

Banking office مكتب مصرف

Banking policy سياسة مصرفيّة

Banking services خدمات مصرفيّة

Banking syndicate مجموعة مصارف مشتركة فى قرض أو تسويق أوراق ماليّة

Bankrupt مفلّس

Bankruptcy إفلاس

Bar chart رسم بيانيّ

Bargain counter منصّة الصفقات

Bargain purchase option حقّ الشراء بسعر مجز

Barter مقايضة

Barter trade تجارة بالمقايضة

Barter transactions معاملات المقايضة

Bartering تجارة المقايضة

Base fact الحقيقة الأساسيّة

Base of trade أساس الحركة التجاريّة

Base pay الدفع الأساسيّ

Base period فترة الأساس

Base price السعر الأساسيّ

Base rate الأجر الأساسيّ

Baseline الخطّ الأساس

Baseline cost تكلفة أساسيّة

Baseline for judging progress الأساس لتقدير مدى التقدّم المحرز

Baseline performance standards معايير أداء خطّ أساس

Basic accounting assumptions الفروض المحاسبيّة الرئيسيّة

Basic accounting principles المبادئ المحاسبيّة الرئيسيّة

Basic assumptions الإفتراضات الأساسيّة

Basic checking حساب جار عاديّ

Basic industry صناعة أساسيّة

Basic pay راتب أساسيّ

Basic price السعر الأساسيّ

Basic wage أجر أساسيّ - راتب أساسيّ

Basing point pricing تحديد الأسعار الأساسيّة

Basis of consolidation أسس توحيد القوائم الماليّة

Basis point نقطة البداية

Batch كمّيّة - مجموعة

Batch costing حساب تكاليف الدفعة

Batch-level costs تكاليف الحزمة

Batch processing - معالجة دفعيّة معالجة بالمجموعات

Behavior سلوك

Behavior evaluation method طريقة تقييم سلوك

Behavioral interviews مقابلات سلوكيّة

Behavioral theories نظريّات سلوكيّة

Behavioral accounting المحاسبة السلوكيّة

Benchmark علامة

Benchmark positions المواقع القياسيّة

Benchmarking إختراق

Beneficiary المستفيد

Benefit stream تدفّقات الفوائد

Benefits فوائد - عوائد - مزايا

Best commercial paper أفضل الأوراق التجاريّة

Best-efforts basis أفضل قاعدة الجهود

Best practices أفضل الممارسات

Betterment levy - ضريبة تحسينات ضريبة على القيم المضافة

Betting tax ضريبة على المراهنات

Beverages tax ضريبة المشروبات

Bid and asked سعر العرض والطلب

Bid price سعر الطلب

Bidder مزايدة - صاحب عطاء

Bidding تقديم عطاء - مزايدة

Bilateral agreement إتّفاقية ثنائيّة

Bilateral trade تجارة ثنائيّة

Bill of exchange فاتورة - كمبيالة

Bill of health شهادة صحّيّة

Bill of lading سند الشحن

Billing إعداد فاتورة

Billing cycle	دورة إعداد الفواتير
Billing date	تاريخ إعداد الفواتير
Billing error	خطأ في إعداد الفواتير
Billing error notice	إشعار بخطأ في إعداد الفواتير
Billing on construction in process	مطالبات أو فواتير عقود إنشاءات تحت التنفيذ
Billing period	فترة إعداد الفواتير
Binder title insurance	اتّفاق مؤقّت ملزم - سند تأمين ملكيّة
Bills	كمبيالات - فواتير
Bills payable	فواتير واجبة الدفع
Bills purchased	فواتير المشتريات
Binding arbitration	تحكيم ملزم
Binomial distribution	التوزيع الثنائيّ الحدود
Black market	السوق السوداء
Black-scholes option pricing model	نموذج تسعير خيار سكولز الأسود
Blank endorsement	التظهير على بياض
Blanket authorization	التفويض العام
Blue-chip stock	سهم الدرجة الأولي
Blue chips	الأسهم الزرقاء
Board	مجلس - هيئة
Board of directors	مجلس الإدارة
Board of trade	مجلس تجارة
Bona fide	بحسن نية
Bona fide occupational qualification	المؤهّل المهنيّ الصادق
Bond	سند
Bond broker	سمسار سندات
Bond circular	نشرة اكتتاب في سندات
Bond dividend	حصّة أرباح على شكل سندات
Bond issue	إصدار سندات
Bond loan	قرض بسندات
Bond premium	علاوة الإصدار

Bond swap مقايضة سندات - بيع وشراء متزامن للسندات	Boolean منطقيّ
Bonded areas مناطق المخازن الجمركيّة	Boolean expression التعبير المنطقيّ
Bonded goods بضائع بمخزن الجمارك	Boot علاوة موازنة
	Borrow يقترض - يستعير
	Borrower مستعير - مقترض
Bondholder حامل سندات	Borrowing إستعارة - إقتراض
Bonds and debentures سندات وكمبيالات	Borrowing capacity القدرة على الإقتراض
Bonds discount خصم إصدار السندات	Borrowing power قدرة الإقتراض
Bonds premium علاوة إصدار السندات	Bottleneck inflation تضخّم اختناقيّ
	Bottom line on margins الحدّ الأدنى لهامش الربح أو الربحيّة
Bonus مكافأة - منحة - علاوة	Bottomry bond عقد قرض بحريّ بضمان السفينة
Bonus issue إصدار علاوة	
Book cost تدوين التكاليف	Bounce إرتداد
Book of original entry دفتر اليوميّة	Bounced check شيك مرتدّ
	Boundary حدّ - حافة
Book value القيمة الدفتريّة	Bounded محدود
Book keeper ماسك الدفاتر	Bounty علاوة - منحة - مكافأة - إعانة
Bookkeeping مسك الدفاتر	Bounty on exportation علاوة

للتصدير

Bracket قوس

Brainstorming تفكير بإبداع

Branches فروع

Brand صنف

Brand name علامة تجاريّة

Breach of contract إخلال بالعقد

Break-even تعادل

Break-even analysis تحليل نقطة التعادل

Break-even equation تعادل معادلة

Break-even point نقطة التعادل: تساوي التكاليف مع الإيرادات

Breakout إختراق

Breakthrough إختراق

Bribe رشوة

Bribee مرتشي

Bridging credit أئتمان تجسيريّ

Bridging facility آلية للتجسير

Bridging loan قرض تجسيريّ - قرض قصير الأجل - تمويل مؤقّت

Brisk trade تجارة نشطة

Broad trade تجارة نشطة

Broadcasting إذاعة - إرسال - نشر

Broker-dealer السمسرة - العمولة

Brokerage account حساب عمولة

Brokerage firm مؤسّسة وسيطة - شركات عمولة

Brute-force قوّة عمياء

Budget موازنة تقديريّة - ميزانيّة

Budget at completion ميزانيّة في الإكمال

Budget center مركز موازنة - مركز الميزانيّة التقديريّة

Budget committee لجنة الموزانة

Budget performance report تقرير أداء الموزانة

Budget period فترة الموازنة

Budget planner منظّم ميزانيّة

Budget variance إنحراف الموازنة

Budgetary aid دعم الموازنة

Budgetary deficit العجز في الموازنة

Budgetary policy سياسة الموازنة

Budgetary surplus فائض في الموازنة

Budgeting and accounting manager مدير ميزانيّة وحسابات

Building loan قرض بناء - قرض تشييد

Building ordinances قوانين البناء

Building permits تقرير تصاريح البناء

Building trades تجارة بناء

Bullet loan قرض يسدّد دفعة واحدة

Bundled product المنتج المحزوم: مجموع منتجات أو خدمات تبا ع بسعر مفرد

Burden عبء

Bureau of the customs مصلحة الجمارك

Bureaucratic بيروقراطيّ

Bureaucratic structure التركيب البيروقراطيّ

Business account حساب تجاريّ

Business accounting محاسبة المشروع

Business activity نشاط تجاريّ

Business administration إدارة الأعمال

Business analyst محلّل عمل

Business associations إتحادات مؤسسات وأصحاب أنشطة الأعمال التجاريّة

Business bank مصرف أعمال

Business capacity قدرة عمل

Business combination إنضمام الشركات

Business crisis أزمة التجارة

Business days أيّام الدوام

Business economics إقتصاديّات الأعمال

Business entity المنشأة الإقتصاديّة

Business entity principle مبدأ كيان المنشأة

Business impact analysis تحليل تأثير عمل
Business information processing تشغيل بيانات عمل
Business initiative مبادرة عمل
Business inventories المخزون التجاريّ
Business loan قرض تجاريّ
Business name إسم تجاريّ
Business of retailing تجارة التجزئة
Business plan خطّة المشروع - خطّة الأعمال
Business policy سياسة تجاريّة
Business risk مخاطرة المشروع - مخاطرة الأعمال
Business tax ضريبة الحرف والمهن
Business transaction عمليّة تجاريّة
Business valuation تثمين عمل
Business-to-business بين الأعمال
Business-to-consumer العمل إلى المستهلك

Buyer مشتري
Buyer as broker مشتري كسمسار
Buyer equilibrium موازنة مشتري
Buy-sell agreements إتّفاقيّات بيع صفقة
Buy-side analyst محلّل صفقة الجانبيّ
By-products نواتج عرضيّة
Bylaws أنظمة إداريّة - قوانين محليّة
Bypass تجنّب - ممرّ موازى

- C -

Calculation حساب - تقدير - عدّ - إحصاء
Calculation of reserve إحتساب إحتياطيّ
Calendar تقويم
Calendar day يوم تقويميّ
Calendar month شهر تقويميّ
Calendar year سنة تقويميّة

Call for the premium طلب علاوة

Call loan سلفة تسّدد عند الطلب - قرض قصير الأجل

Call of bonds ردّ قيمة سندات - إسترداد

Call option حقّ الخيار في الشراء - علاوة شراء

Call provision شرط الاستدعاء للأسهم الممتازة والسندات

Callability حقّ استعادة الأسهم

Callable السهم الممتاز القابل للإسترداد

Callable bonds سندات قروض قابلة للإسترداد

Callable stocks سندات قابلة للتسديد

Callback ردّ الطرف الثاني على طلب الطرف الأول

Called bonds سندات تقرّر إستهلاكها

Cancel يلغي - يبطّل

Cancellation إلغاء - إبطال

Cancel supporting documents وثائق إلغاء المساندة

Cancelled debt دين ملغى

Candidate مرشّح لوظيفة أو بعثة أو كلّية

Capabilities قدرات قابلة للتطوّر

Capability القابليّة

Capable process العمليّة القادرة

Capacity سعة

Capacity building بناء القدرات

Capacity building project مشروع بناء القدرات

Capacity needs الإحتياجات من القدرات

Capacity plan خطّة قدرة

Capacity to reimburse القدرة على السداد

Capacity utilization سعة الإستهلاك

Capital رأسمال

Capital account حساب رأس المال

Capital and financial account

حساب ماليّ ورأسماليّ

Capital assets موجودات رأسماليّة

Capital backing of loans ربط القروض برأس المال

Capital budget موازنة رأسماليّة

Capital cost allowance مخصّصات تكلفة رأس المال

Capital employment ratio نسبة توظيف رأس المال

Capital expenditure نفقة رأسماليّة

Capital gain tax ضريبة على الربح الرأسماليّ - ضريبة الأرباح الرأسماليّة

Capital gains - مكاسب رأسماليّة أرباح رأسماليّة

Capital gains and losses أرباح وخسائر رأسماليّة

Capital grant منحة رأسماليّة

Capital intensive كثيفة الإستخدام لرأس المال

Capital leases عقود الإيجار الرأسماليّ

Capital levies ضرائب رأسماليّة

Capital losses خسائر رأسماليّة

Capital maintenance concept مفهوم المحافظة على رأس المال

Capital on call رأسمال تحت الطلب

Capital outlay نفقة كبيرة

Capital reduction تخفيض كبير

Capital replacement رأس المال البديل

Capital stock مخزون الأصول الرأسماليّة

Capital stock tax ضريبة على أسهم رأس المال

Capital structure تركيبة رأس المال

Capital surplus فائض رأس المال

Capital taxes ضرائب رأسماليّة

Capital transactions tax ضريبة المعاملات الرأسماليّة

Capital transfer tax ضريبة نقل رؤوس الأموال

Capital transfers تحويلات رأسماليّة

Capital transfers in cash تحويلات رأسماليّة نقديّة

Capital transfers in kind تحويلات رأسماليّة عينيّة

Capitalist رأسمال - صاحب رأس المال

Capitalization رسملة

Capitalization of leases رسملة عقود الإيجار

Capitalization rate نسبة رسملة

Car registration taxes ضرائب تسجيل السيّارة

Card member - بطاقة عضو صاحب البطاقة

Care of بطرف - لعناية

Cargo شحنة - شحن

Career service appointment التعيين في وظيفة دائمة

Carrying value القيمة الدفتريّة

Cash صندوق - نقد

Cash account حساب الصندوق

Cash accounting محاسبة نقديّة

Cash advance نقد مسبّق

Cash advance limit حدّ النقد المسبّق

Cash and equivalents النقد وما يعادله

Cash and near-cash النقد والقريب من التحوّل إلى نقد

Cash application process عمليّة تطبيق نقديّة

Cash assets موجودات نقديّة

Cash basis الأساس النقديّ

Cash-basis accounting محاسبة على أساس النقديّة

Cash basis of accounting الأساس النقديّ المحاسبيّ

Cash-base submission ما ترفعه الشركات على أساس نقديّ

Cash bonus علاوة نقديّة

Cash book دفتر النقديّة

Cash box صندوق النقد - صندوق

الخزينة

Cash budget - الموازنة النقديّة الميزانيّة التقديريّة للنقديّة

Cash clearing account حساب رقيب نقديّ

Cash control الرقابة على النقد

Cash cost علاوة نقديّة

Cash count جرد النقد

Cash credit دين نقديّ - قرض نقديّ

Cash debt coverage ratio نسبة تغطية صندوق الدين النقديّ

Cash deficit عجز في النقد

Cash deposit وديعة نقديّة

Cash disbursements إنفاق نقديّ

Cash disbursements journal يوميّة الصرف النقديّ - الدفعات النقديّة

Cash discount - تخفيض نقديّ خصم نقديّ

Cash dividends حصص الأرباح النقديّة

Cash donation منحة نقديّة

Cash down الدفع حالاً

Cash equivalent شبه النقد أو ما يعادل النقديّة

Cash flow تدفّق نقديّ

Cash flow after investment التدفّق النقديّ بعد الإستثمار

Cash flow analysis تحليل التدفّق النقديّ

Cash flow efficiency كفاءة سيولة نقديّة

Cash flow from operations التدفّقات النقديّة من العمليّات التشغيليّة

Cash flow risk خطر سيولة نقديّة

Cash flows statement قائمة التدفّقات النقديّة

Cash grant إعانة نقديّة - منحة نقديّة

Cash holdings ممتلكات نقديّة

Cash in bank نقد في المصرف

Cash in bank and near cash النقد في البنك وما يقارب النقد في البنوك

Cash in hand النقد في اليد

Cash in vault النقد المحصّن في الخزنة

Cash inflows التدفّقات النقديّة الداخلة - مصادر النقديّة

Cash input مدخل نقديّ

Cash journal يوميّة الصندوق النقديّ

Cash management إدارة النقد

Cash margin تأمين نقديّ

Cash mobility mapping رسم خرائط لحركة النقد

Cash on delivery الدفع عند التسليم

Cash on hand النقد الجاهز - النقد في اليد

Cash outflow النقد الصادر - النقد المدفوع - التدفّقات النقديّة الخارجة

Cash outlay نفقة نقديّة

Cash pattern أسلوب انسياب النقديّة

Cash per share نقد لكل سهم

Cash portion جزء نقديّ

Cash position وضع النقد

Cash profit ربح نقد

Cash projection توقّعات النقديّة

Cash purchases مشتريات نقديّة

Cash ratio نسبة النقديّة

Cash receipt سند قبض

Cash receipt journal يوميّة مقبوضات النقديّة

Cash reserve of a bank إحتياطي نقديّ لدى مصرف

Cash reserve ratio نسبة احتياطيّ نقديّ

Cash sales مبيعات نقديّة

Cash suspense account حساب النقد المعلق

Cash-to-current-liabilities ratio النقد إلى نسبة الخصوم الجارية

Cash transfer تحويلات نقديّة

Cashier صرّاف - أمين صندوق

Cashier's check شيك صرّاف

Cashing check صرف شيك

Casting الجمع

Casualty كارثة - حادثة

Catastrophic losses خسائر ناتجة عن كوارث

Categories طبقات - فئات - أصناف

Categorization تصنيف

Cause and effect السبب والتأثير

Cause and effect diagram تخطيط السبب والتأثير

Central limit theorem نظريّة الحدّ المركزيّة

Central planning تخطيط مركزيّ

Central processing unit وحدة المعالجة المركزيّة

Central product classification تصنيف مركزيّ للمنتجات

Centralization مركزيّة - تمركز

Centralized organization منظّمة مركزيّة

Centre of economic interest مركز مصلحة اقتصاديّة

Certainty equivalent net صافي الحقيقة المقارب

Certainty of payment حقيقة الدفعة

Certificate شهادة كتابيّة

Certificate authority هيئة الشهادات

Certificate of analysis شهادة التحليل

Certificate of deposit شهادة إيداع

Certificate of inspection شهادة التفتيش

Certificate of insurance شهادة تأمين

Certificate of manufacture شهادة الصناعة

Certificate of obligation شهادة الإلتزام

Certificate of origin شهادة المصدر

Certificate of surveillance or inspection شهادة المعاينة أو التفتيش

Certificate of weight شهادة الوزن

Certificate revocation list قائمة إلغاء شهادة
Certificates of deposit شهادات الإيداع بمصارف
Certification شهادة
Certified check شيك مقبول - شيك معتمد
Certified accountant محاسب قانونيّ
Certified financial planner مخطّط ماليّ مؤهّل
Certified financial statements بيانات ماليّة مصدّقة
Certified public accountant محاسب قانونيّ مرخّص
Chain banks سلسلة المصارف
Chain indices سلاسل الأرقام القياسيّة
Chamber of commerce غرفة تجاريّة
Chamber of industry غرفة صناعيّة
Change عملة صغيرة
Change in accounting principle تغيّر في مبدأ المحاسبة
Change in equity position تغيّر في وضع حقوق الملكيّة
Change in working capital تغيّر في رأس المال العامل
Change of ownership تغيير الملكيّة
Changeovers تغيير كلّي
Changes in inventories تغيّرات في المخزون
Changes in net worth تغيّرات في صافي القيمة
Changes in real national net worth تغيّرات في صافي القيمة القوميّة الحقيقيّة
Character-based lending الإقراض القائم على الأهليّة الشخصيّة
Charge card بطاقة شراء على حساب
Charges مصاريف - تكاليف

Charitable foundations tax ضريبة المؤسّسات الخيريّة

Charitable trusts الأوقاف الخيريّة

Chart of accounts دليل الحسابات - جدول الحسابات - خريطة الحسابات

Charter مرسوم تأسيس الشركة

Chartered bank - مصرف مرخّص مصرف معتمد قانونيّاً

Chartered financial consultant مستشار ماليّ قانونيّ

Chattel mortgage contract عقد رهن أثاث

Cheap money policy سياسة النقود الرخيصة

Check يراجع - يضبط

Checking account حساب جاري

Checksums - التفحّص النهائي تفحّص المجاميع النهائيّة

Cheque شيك

Cheque book دفتر شيكات

Cheque payable شيك للدفع

Chief accountant رئيس المحاسبين

Chief economist رئيس الخبراء الاقتصاديّين

Chief financial officer مسؤولّ ماليّ رئيسي

Child allowance - بدل إعالة الطفل علاوة الأطفال

Child support نفقة الأولاد

Circulating capital رأس المال المتداول

Circulation توزيع - تداول - دورة

Circulation of shares تداول الأسهم

Civil service إدارة عامة - وظيفة عامة - خدمة مدنيّة

Civil society منظّمة مجتمع مدنيّ

Claim payment دفع مطالبة

Claimant المطالب - صاحب الطلب

Clandestine trade - تجارة سرّيّة تجارة غير مشروعة

Class فئة - درجة - طبقة

Classification - تبويب - تصنيف - تقسيم
Classification of accounts تصنيف الحسابات
Classification of individual consumption by purpose تصنيف الإنفاق الاستهلاكيّ للأفراد حسب الغرض
Classification of outlays of producers by purpose تصنيف إنفاق المنتجين حسب الغرض
Classification of the purposes of non-profit institutions serving households تصنيف مقاصد المؤسّسات التي لا تهدف إلى الربح وتخدم الأسر المعيشيّة
Classified balance sheet الميزانيّة العموميّة المصنّفة
Classified financial statements القوائم الماليّة المبوّبة
Claused bill of lading سند شحن مشروط

Clean bill of exchange كمبيالة خالية من تحفّظات التبادل
Clean bill of lading سند الشحن الخالي من التحفّظ
Clean collection المجموعة النظيفة
Clean letter of credit رسالة الإعتماد النظيفة
Clean on boar bill of lading سند شحن كامل بالبضاعة
Clear (checks) مخالصة الشيكات
Clearance of statement إجازة بيان - تصريح
Clearance papers أوراق تخليص
Clearing bank مصرف عضو غرفة المقاصة
Clearinghouse غرفة المقاصة
Clerical نسخيّ - كتابيّ
Clerk كاتب - موظّف - مستخدم
Client outreach الوصول للزبائن
Client retention rate معدّل الإحتفاظ بالزبائن أو العملاء

Client screening فرز الزبائن

Close an account قفل حساب

Closed-end investment company شركة إستثمار مغلقة الرأسمال

Closed trade تجارة مغلقة

Closing balance - رصيد الإقفال رصيد ختاميّ

Closing costs - تكاليف الإقفال التكلفة الختاميّة

Closing exchange rate سعر صرف الإقفال

Closing of loan إقفال قرض

Closing price سعر الإقفال

Closing stock بضاعة آخر المدة

Co-applicant طالب مشترك

Co-insurance clause بند تأمين في عدّة شركات

Co-insurer تأمين مشترك

Coaching تدريب

Code دليل - إصطلاح

Coefficient of determination معامل التصميم

Coefficient of exploitation معامل الإستغلال

Coefficient table جدول المعاملات

Coercion إجبار

Coercive قسريّ

Coin عملة - نقود

Coinage سكّ العملة

Collate payments and revenue figures مطابقة أرقام المدفوعات والإيرادات

Collateral ضمانة إضافيّة - التأمين مقابل قرض

Collateral bonds سندات مضمونة

Collateral loan قرض بضمان إضافيّ

Collateral mortgage bonds سندات مضمونة برهن عقاريّ

Collateral note ورقة ماليّة مضمونة

Collateral savings - إدخارات توفيرات تستخدم كرهن ضمان

Collateral security ضمان قرض
Collateral substitute بدائل الضمان - بدائل الرهن
Collateral trust bonds سندات مضمونة بأوراق ماليّة
Collected payments دفعات متسلّمة
Collectibility تحصيل
Collecting bank مصرف مكلف بالتحصيل
Collecting charges مصاريف تحصيل
Collection تحصيل - مجموعة
Collection costs تكاليف التحصيل
Collection period فترة التحصيل
Collection security clause شرط ضمان التحصيل
Collective bargaining agreement إتّفاقية مفاوضة جماعيّة
Collective company شركة تضامن
Collective consumption services خدمات استهلاكيّة جماعيّة

Collective economy إقتصاد جماعيّ
Collective investment scheme مخطّط الإستثمار الجماعيّ
Collector محصّل
Collusion تواطؤ - إتّفاق شخصين أو أكثر لارتكاب جريمة الغشّ أو التزوير
Colonial policy سياسة استعماريّة
Combat pay علاوة مخاطرة
Combination مجموعة
Combined إتحاد لأغراض تجاريّة أو سياسيّة
Combined balance موازنة مشتركة - توحيد الرصيد
Combined bill of lading سند الشحن بأكثر من وسيلة شحن
Combined cost of funds التكلفة المشتركة - التكلفة المركّبة للتمويل
Combined financial statements القوائم الماليّة المجمّعة
Combined transport مشحونه

بأكثر من نمط شحن

Combined transport bill of lading سندات الشحن الخاصّة بأكثر من نمط شحن

Combining and segmenting contracts جمع وتقسيم العقود

Commenting يعلّق على

Commercial تجاريّ

Commercial agent وكيل تجاريّ

Commercial bank مصرف تجاريّ

Commercial denomination سمة تجاريّة

Commercial funding تمويل تجاريّ

Commercial invoice فاتورة تجاريّة

Commercial loan قرض تجاريّ

Commercial paper ورقة تجاريّة قابلة للتداول

Commercial policy سياسة تجاريّة

Commission عمولة

Commission charged عمولة خصمت من مصرف

Commitment تعهّد - إلتزام

Commitment to high standards إلتزام بمعايير عالية

Commodity سلعة

Commodity trade تجارة السلع

Common cost كلفة مشتركة

Common good مصلحة عامة

Common equity عدالة مشتركة

Common interest مصلحة عامة - مصلحة مشتركة

Common law قانون عام

Common law doctrine مذهب قانون عام

Common-sense الحسّ العام

Common size analysis تحليل الحجم المشترك

Common stockholder equity حقوق المساهمين العاديّين

Common stockholders حملة الأسهم العاديّة

Common stocks أسهم عاديّة

Communication - إتّصال - إعلام مواصلات
Communication skills مهارات اتّصال
Communication strategies إستراتيجيّات اتّصال
Communicating results إتّصال النتائج
Community-based organizations المنظّمات القائمة في المجتمعات المحليّة
Community loan قرض أحد أعضاء الجماعة الأوروبيّة
Company شركة
Company limited by guarantee شركة تضامن محدودة
Company philosophy فلسفة الشركة
Company profits tax ضريبة أرباح الشركات
Company rules قوانين الشركة
Company structure هيكل الشركة

Company taxation فرض ضريبة على الشركات
Comparability قابليّة المقارنة
Comparability concept مفهوم القابليّة للمقارنة
Comparability of financial statements مقارنة للبيانات الماليّة
Comparable data بيانات قابلة للمقارنة
Comparative advantage ميزة نسبيّة
Comparative balance sheet ميزانيّة المقارنة
Comparative financial statements القوائم الماليّة المقارنة
Comparative income statement قائمة دخل مقارنة
Comparative statics مقارنة أستاتيكيّة
Comparison تشبيه - مقارنة
Compassionate allowance علاوة

تقدير خاصة - علاوة استثنائيّة

Compatibility توافق - إنسجام - عدم تعارض

Compatibility principle مبدأ توافق

Compensating معوّض - مكافئ - معادل

Compensating balance رصيد تعويضيّ

Compensating error الخطأ المعوّض

Compensation of employees تعويضات العاملين المستخدمين

Compensatory contract عقد المعاوضة

Compensatory loan قرض تعويضيّ

Competence إختصاص - كفاءة - جدارة

Competency كفاءة

Competency model نموذج كفاءة

Competent مختصّ - جدير - ذو أهلية

Competition منافسة

Competitive تنافسيّ

Competitive firm مؤسّسة تنافسيّة

Competitive market سوق تنافسيّ

Competitor منافس

Complement تكملة

Complementary متمّم - مكمل

Complementary good سلعة مكملة

Completed contract method طريقة العقود التامّة

Completed contract method of accounting طريقة العقد الشامل محاسبيّا

Complex capital structure تركيبة رأس المال المعقّد

Compliance إمتثال

Compliance audit تدقيق الإذعان - مراجعة أو تدقيق السجلات الماليّة لمنظّمة

Components مكوّنات

Component materials المواد المكوّنة

Components of share holders' equity مكوّنات المساهمين

Compound entries القيد المركّب

Compound interest فائدة مركّبة

Compound interest rate سعر الفائدة التراكميّ - معدّل الفائدة المركّبة

Compound rate growth معدّل النموّ المتراكم - نموّ الفائدة المركّبة

Compounding consideration فائدة مركّبة

Comprehensive development framework إطار التنمية الشامل

Comprehensive income دخل شامل

Comprehensive planning تخطيط شامل

Compromise حلّ وسط - صلح - إتّفاق ودّيّ

Compulsory إجباريّ

Compulsory loan قرض إلزاميّ

Compulsory savings - إدخار توفير إلزاميّ

Compulsory winding up تصفية إجباريّة

Computational تجميعيّ

Computed term التعبير المحسوب

Computer aided design التصميم بمساعدة الحاسوب

Computer-assisted audit tools أدوات التدقيق بمساعدة الحاسوب

Computer-based systems الأنظمة المعتمدة على الحاسوب

Computer controls رقابة الحاسوب

Computer software برامج الكمبيوتر الجاهزة

Computing إستعمال الحاسبات

Concave محدّب من أعلى

Conceal كتم - أخفى - حجب

Concealment إخفاء

Concept reliability مفهوم الثقة في المعلومات

Concepts مفاهيم

Concepts catalog دليل مفاهيم

Conceptual design التصميم التصوريّ

Conceptual formulation الصياغة النظريّة

Conceptual framework إطار فكريّ

Concern منشأة - محل تجاريّ - عمل تجاريّ

Concerned معنيّ - ذو مصلحة

Concession holder الشركة حاملة الإمتياز

Concessional debts ديون امتيازيّة

Concessional loan قرض ذو إمتيازات محدّدة

Conciliation تصفية - توفيق

Conclusion خاتمة

Conclusions إستنتاجات

Concord إتحاد - إتّفاق

Condition of goods شرط السلع

Conditional sales contract عقد مبيعات مشروط

Conduct سلوك - قيادة

Confederation إتحاد

Conference call نداء مؤتمر

Confidence estimate تخمين ثقة

Confidential information معلومات سرّية

Confidentiality السرّية

Confidentiality agreement إتّفاقية سرّية

Configuration ترتيب

Confirmation تأكيد

Confirmed documentary credit إعتماد مستنديّ معزّز

Conflicts نزاعات

Conflicts of interest تضارب المصالح - تعارض المصالح

Conform مطابق

Conformity انطباق - مطابقة - إنسجام

Confront واجه

Confused مرتبك - مضطرب

Conglomerates تكتّلات

Congruence التطابق

Conjecture and refutation التخمين والتفنيد

Conjunction الإرتباط

Consciousness شعور - وعي

Consequence نتيجة - عاقبة - أهمّية

Conservation التحفّظ

Conservatism سياسة الحيطة والحذر - التحفّظ

Conservatism principle مبدأ محافظيّة

Conservative محافظ

Conservative policy السياسة المحافظة

Conservative principle مبدأ التحفّظ

Consignee المرسل إليه - وكيل

Consignee marks علامات على بضاعة المرسل إليه

Consignment شحنة

Consignment goods بضاعة الأمانة

Consistency ثبات - إتّساق

Consistency concept مفهوم الثبات في استخدام السياسات المحاسبيّة

Consistency of accounting policies إتّساق لمحاسبة السياسات

Consistency principle مبدأ الإتّساق - الثبات

Consolidate maturities إستحقاقات مجمّعة

Consolidated accounting entities الوحدات المحاسبيّة المندمجة

Consolidated annuities موارد مضمونة

Consolidated balance رصيد موحّد - ميزانيّة موحّدة

Consolidated balance sheet قائمة المركز الماليّ الموحّدة

Consolidated financial

statements القوائم الماليّة الموحّدة
Consolidated loan قرض موحّد
Consolidation debt توحيد الديون
Consolidation method طريقة التجميع
Consolidation procedures إجراءات توحيد القوائم الماليّة
Consortium of banks مصرف تعاونيّ
Constant-dollar financial statements القوائم الماليّة على أساس وحدة نقد متجانسة
Constant coefficient المعامل الثابت
Constant currency terms إتّفاق على سعر عملة ثابت
Constant dollar الدولار الثابت
Constant-dollar financial statements القوائم الماليّة على أساس وحدة نقد متجانسة
Constant prices أسعار مثبّتة
Constant purchasing power قوّة

شرائيّة ثابتة
Constituencies الدوائر الإنتخابيّة
Constitute يسنّ تشريعاً
Constraint إجبار - إكراه - إرغام
Constraint analysis تحليل قيد
Constraints and costs القيود والكلف
Construction contracts عقود الإنشاء طويلة الأجل
Construction in process عقود إنشاء تحت التنفيذ
Construction in progress بناء مستمرّ - بناء تحت الإنشاء
Construction loan قرض بناء
Construction revenues إيرادات عقود التشييد
Constructive بنّاء
Constructive policy سياسة بنّاءة
Consular declaration إعلان قنصليّ
Consular invoice فاتورة قنصليّة
Consultative group مجموعة

إستشاريّة

Consulting إستشارة

Consumed مستهلك

Consumer مستهلك

Consumer confidence ثقة المستهلك

Consumer credit قرض إستهلاكيّ

Consumer durables سلع إستهلاكيّة معمّرة

Consumer good سلعة إستهلاكيّة

Consumer price index الرقم القياسيّ لأسعار المستهلك - مؤشّر أسعار المستهلك

Consumer reporting agency مكتب التسليف

Consumers freedom of choice مبدأ حرّية الاختيار للمستهلك

Consumer's sovereignty مبدأ سيادة المستهلك

Consumers' surplus فائض المستهلكين

Consuming يستنفد - يستهلك

Consummated مكتمل

Consumption إستهلاك

Consumption credit تسليف استهلاكيّ

Consumption function دالّة الإستهلاك

Consumption fund أموال إستهلاكيّة

Consumption goods or services سلع أو خدمات إستهلاكيّة

Consumption loan قرض استهلاكيّ

Consumption of fixed capital إستهلاك رأس المال الثابت

Consumption point نقطة استهلاك

Consumption smoothing صقل الإستهلاك

Contemporary finance الماليّة المعاصرة

Contents محتويات

Context سياق

Continental model نموذج قاريّ

Contingencies probable حالات طوارئ محتملة

Contingency إحتمال - إمكان حدوث شيء - مصادفة

Contingency budget ميزانيّة طوارئ

Contingency plan خطّة طوارئ

Contingency theories نظريّات طوارئ

Contingent assets أصول مشروطة - أصول عرضيّة

Contingent behavior السلوك العرضيّ

Contingent consideration الإعتبار العرضيّ

Contingent for resale بضاعة برسم البيع

Contingent gains and losses المكاسب والخسائر المحتملة

Contingent liability إلتزام محتمل - مسؤوليّة عرضيّة

Continuity issue قضيّة إستمراريّة

Continuity of operations إستمراريّة العمليّات

Continuous budgeting الموازنة المستمرّة

Continuous improvement التحسين المستمرّ

Continuous probability function وظيفة الإحتمال المستمرّة

Continuous random variable المتغيّر العشوائيّ المستمرّ

Contra account حساب مقابل - حساب عكسيّ

Contract عقد

Contract debtors مديّنو العقود

Contract costing حساب تكاليف العقد

Contract revenues إيرادات العقد

Contraction إنكماش

Contractor مقاول – متعهّد – ملتزم
Contractor loan - قرض المقاول قرض بضمان تنازل
Contractor work breakdown structure تركيبة توقّف عمل المقاول
Contractual allowance علاوة تقاعديّة
Contractual credit - إئتمان تعاقديّ إئتمان تعهّدي
Contractual loan term شروط التعاقد للقرض
Contractual stipulation for additional asset الإشتراط التعاقديّ للأصول الإضافيّة
Contrast مقارنة
Contributed assets الأصول المساهمة
Contributed capital رأس المال المساهم به
Contribution المساهمة
Contribution margin هامش مساهمة - سعر البيع - التكلفة المتغيّرة
Contributory plan خطّة مساهمة
Control سيطرة - رقابة - مراقبة
Control account حساب رقيب نقديّ
Control environment بيئة المراقبة - بيئة الرقابة
Control level مستويات الرقابة
Control objectives for information and related technology أهداف سيطرة للمعلومات والتقنية ذات العلاقة
Control of corporations السيطرة على الشركة المساهمة
Control self-assessment السيطرة على التقييم الذاتيّ
Controllability قابليّة التحكم
Controllable cost الكلفة الموجّهة
Controller مراقب ماليّ - مراقب مراجع - مفتّش
Controlling accounts سيطرة على

أسهم ممتازة قابلة للتحوّل إلى أسهم عاديّة

Conveyance of title نقل سند الملكيّة

Cooperation تعاون

Cooperative مصرف ائتمان زراعيّ

Coowner أحد الملاك

Copartner شريك

Copyright حقّ التأليف

Core business rule قاعدة العمل الرئيسيّة

Core expenditures نفقات أساسيّة

Core process العمليّة الرئيسيّة

Corporate body إتحاد

Corporate earnings أرباح الشركات المساهمة

Corporate income tax ضريبة دخل الشركات

Corporate planning and budgeting التخطيط المؤسّسيّ وإعداد الموازنات

الحسابات

Controlling enterprise المنشأة المسيطرة

Controlling interest حصّة السيطرة

Conventional تقليديّ

Conversant مطّلع على

Converse مخالف

Conversion قابليّة التحويل من أسهم ممتازة أو سندات إلى أسهم عاديّة

Conversion cost كلفة تحويل

Conversion loan قرض استبداليّ - قرض محوّل

Conversion of stock تحويل الأسهم

Conversion premium علاوة تحويل

Convertible لأسهم القابلة للتحويل

Convertible bonds سندات قابلة للتحوّل إلى أسهم عاديّة

Convertible stock أسهم قابلة للتحويل

Convertible stock preferred

Corporate retirement plan account حساب خطّة التقاعد الخاص بالشركات
Corporate tax - ضريبة شركات - ضريبة على الشركات
Corporation شركة مساهمة
Corporation income taxes ضريبة دخل الشركات
Corrective action الإجراء التصحيحيّ
Corrective controls الرقابة التصحيحيّة
Correspondent bank المصرف المتطابق
Correspondents network شبكة المراسلين
Corruption رشوة - فساد
Cosigner موقع مشترك
Cost تكلفة - سعر
Cost account حساب تكاليف
Cost accumulation methods طرق تراكم كلفة
Cost allocation - تحميل التكاليف - توزيع التكاليف
Cost and expense concept مفهوم التكلفة والمصروف
Cost and freight الكلفة والشحن
Cost and insurance الكلفة والتأمين
Cost avoidance تجنّب كلفة
Cost behavior سلوك التكاليف
Cost behavior pattern سلوك كلفة
Cost behaviors سلوك التكلفة
Cost benefit convention إتّفاقية منفعة كلفة
Cost centers مراكز كلفة
Cost concept مفهوم التكلفة
Cost containment إحتواء التكلفة
Cost control ضبط التكلفة
Cost curve منحنى التكاليف
Cost efficiency فعّالية التكلفة
Cost estimates تقديرات التكاليف
Cost insurance and freight كلفة

تأمين وشحن
Cost of conformance كلفة التوافق
Cost of equity capital كلفة رأس المال الأصليّ
Cost of finished goods كلفة السلع التامّة الصنع
Cost of funds كلفة التمويل
Cost of goods available for sale كلفة السلع المتوفّرة للبيع
Cost of goods manufactured تكلفة البضاعة المصنّعة
Cost of goods sold تكلفة البضاعة المباعة
Cost of living allowance علاوة غلاء المعيشة
Cost of living bonus علاوة غلاء المعيشة
Cost of portfolio administration تكلفة إدارة المحفظة
Cost of production report تقرير تكلفة الإنتاج

Cost overrun تجاوز الكلفة
Cost per hire كلفة لكلّ تأجير
Cost per loan made تكلفة القرض
Cost plus contracts العقود المحدّد سعرها بإضافة هامش ربح معين للتكلفة
Cost price ثمن التكلفة
Cost principle مبدأ التكلفة
Cost ratio نسبة التكلفة
Cost recovery method طريقة استرداد التكلفة
Cost relationship قيد التكلفة
Cost schedule جدول التكاليف
Cost sharing التشارك في التكاليف
Cost structure هيكل التكلفة
Cost structure analysis تحليل هيكل تكاليف
Cost summary schedule جدول ملخّص المصاريف
Cost-to-cost basis طريقة التكلفة إلى التكلفة

Cost tracing توزيع التكاليف المباشرة

Cost variance الفروقات بالأسعار

Cost volume profit analysis تحليل الحجم والتكاليف والأرباح

Costs not recoverable due to كلف ليست قابلة للإسترداد بسبب

Counterfeit تزييف

Countersign توقيع مع الغير

Countervailing duties رسوم تعويض

Country portfolio assessment تقييم الحوافظ القطريّة

County tax ضريبة المقاطعة

Coupon tax ضريبة على الكوبونات

Covenant ميثاق

Coverage تغطية

Coverage ratio نسبة التغطية

Craftsmen tax ضريبة الحرفيّين

Crashing تحطيم

Crawling active زحف موجّب

Creation of bank deposits مصرف معلومات

Creative accounting الحسابات المفتعلة

Credibility المصداقيّة

Credible independent audit عمليّة مراجعة وتدقيق مستقلّة ذات مصداقيّة

Credit إعتماد - إئتمان

Credit account حساب دائن - حساب إعتماد

Credit availability توفّر الإئتمان

Credit balance رصيد الإئتمان - رصيد دائن

Credit bank مصرف إئتمان

Credit bureau مجلس الإئتمان

Credit ceiling سقف الإئتمان

Credit cooperative تعاونيّة إقراض - تعاونيّة إئتمان

Credit delivery model نموذج تقديم القروض

Credit deterioration تدهور إئتمان

Credit facilities تسهيلات الإئتمان

Credit for payment إعتمادات لدفع

Credit growth تزايد الإقراض

Credit information bureau هيئة الإستعلام الإئتمانيّ

Credit line حدّ الإئتمان

Credit note إشعار دائن

Credit officer مسؤول الإقراض

Credit operations عمليّات ائتمانيّة

Credit policy سياسة الإئتمان - سياسة الإقراض

Credit rating تصنيف الإئتمان

Credit rating agency وكالة تصنيف الإئتمان

Credit record سجل القرض

Credit report تقرير مكتب التسليف

Credit reviews الدراسات الإئتمانيّة

Credit risk مخاطرة إئتمانيّة

Credit sales مبيعات بالحساب

Credit scheme برنامج الإئتمان

Credit scoring system درجة الملاءة

Credit slip قسيمة إيداع - قصاصة القرض

Credit union إتحاد ائتمانيّ - إتحاد تسليف

Credited deposit وديعة مقيّدة لحساب

Creditor دائن

Creditworthiness الأهليّة الإئتمانيّة

Creditworthy مستحقّ الإئتمان

Criteria المعايير

Critical importance الأهميّة الحرجة

Critical path مسار حاسم

Critical path method طريقة المسار الحاسم

Crop credit قرض المحصول

Cross elasticity of demand مرونة الطلب التقاطعيّة

Crossover discount rate معدّل التخفيض المتقاطع

Crucial حاسم

Crucial points نقاط الحسم

Cryptanalysis علم دراسة التشفير

Cryptography علم الكتابة السرّيّة - الشفرة

Cultivated assets أصول مفتلحة

Cumulative متراكم

Cumulative effect accounting changes تغييرات محاسبة التأثير المتراكمة

Cumulating taxes ضريبة على شرائح - ضريبة تجميعيّة

Cumulative preferred stock السند الممتاز المتراكم

Cumulative shares الأسهم مجمّعة الأرباح

Currency عملة

Currency and deposits عملة وودائع

Currency gap فجوة العملة

Currency gap ratio معدّل فجوة العملة

Currency matching مطابقة العملة

Currency note عملة ورقيّة

Currency policy سياسة إدارة العملة

Currency pooling نظام توحيديّ للعملات

Currency risk خطر عملة

Current account حساب جاري

Current assets أصول متداولة

Current cost account محاسبة التكلفة الجارية

Current cost accounting المحاسبة على أساس التكلفة الجارية

Current cost approach مدخل التكلفة الجارية

Current exchange rate سعر الصرف الجاري

Current external balance ميزان الحساب الخارجي الجاري

Current international cooperation تعاون دوليّ جاري

Current liabilities الإلتزامات المتداولة

Current loan قرض حاليّ

Current method and non current method طريقة البنود المتداولة وغير المتداولة

Current purchasing power قوّة شرائيّة جارية

Current rate method طريقة سعر الصرف الجاري

Current ratio النسبة الجارية

Current repayment rate نسبة السداد - نسبة التسديد الحاليّ

Current taxes on capital ضرائب جارية على رأس المال

Current taxes on income ضرائب جارية على الدخل والثروة

Current taxes on land and buildings ضرائب جارية على الأراضي والمباني

Current taxes on net wealth ضرائب جارية على صافي الثروة

Current taxes on other assets ضرائب جارية على الأصول الأخرى

Current terms الآجال الجارية

Current transfers تحويلات جارية

Current transfers: fines and penalties تحويلات جارية: الغرامات والجزاءات

Current transfers: lotteries and gambling تحويلات جارية: يانصيب وقمار

Current transfers: payments of compensation تحويلات جارية: دفع التعويضات

Current transfers between households تحويلات جارية بين الأسر المعيشيّة

Curve منحنى

Custom broker وسيط جمركيّ

Custom declaration إقدار جمركيّ

Custom dues رسوم جمركيّة

Custom tariff تعريفة جمركيّة

Customer عميل - زبون

Customer relationship

management إدارة علاقة زبون

Customization تحوير

Customs جمارك

Customs administration مصلحة الجمارك

Customs and excise جمارك وضرائب

Customs authority مصلحة الجمارك

Customs bond تعهّد جمركيّ

Customs clearance تخليص جمركيّ

Customs declaration تصريح جمركيّ

Customs declaration form نموذج بيان جمركيّ

Customs duties رسوم جمركيّة

Cut interest rate خفض سعر الفائدة

Cut throat competition منافسة قاتلة

Cutoff date آخر تاريخ لتقديم تقرير

Cuts تخفيضات

Cycle counting حساب الدورة

Cyclical stocks الأسهم الدوريّة

Cyclical tax ضريبة موسميّة

- D -

Daily balancing ترصيد يوميّ

Daily compounding تسوية يوميّة

Daily limit on withdrawals الحدّ الأقصى اليوميّ للسحب

Damage ضرر

Damageable قابل للتلفّ

Damaging consequences آثار مدمّرة

Data bank مصرف المعلومات - بنك المعلومات - فهرس مركزيّ للمعلومات

Data collection تجميع البيانات

Data conversion تحويل البيانات

Data encryption standard معيار تشفير بيانات

Data filed بيانات محفوظة

Data fixation عقد بيانات

Data ownership ملكيّة بيانات

Database قاعدة البيانات - قاعدة المعلومات

Database administrator مدير قاعدة بيانات

Database-management system نظام إدارة قاعدة بيانات

Date credited تاريخ التقييد

Date of declaration تاريخ الإعلان عن توزيع أرباح الأسهم - تأريخ من الإعلان

Date of payment تاريخ دفع أرباح الأسهم - تاريخ الدفع

Date of record التاريخ الذي يكون فيه المساهم مسجّلا لدى الشركة - تاريخ السجل

Dating مؤرّخ في - بتاريخ

Day book دفتر يوميّة

Day release إجازة دراسيّة

Day to day loan قرض من يوم ليوم

Dead charges مصاريف ثابتة

Dead stock بضاعة كاسدة

Deal عقد كتابيّ - صفقة

Dealer وكيل

Death and gift taxes ضريبة الأيلولة وضريبة الهبات

Death duties ضريبة تركات

Debenture سند

Debenture bond سند قرض طويل الأجل

Debenture loan قرض إجباريّ - قرض إلزاميّ

Debit المدين - الجانب المدين

Debit balance رصيد المديونيّة - رصيد مدين

Debit note إشعار مدين

Debit to account تقييد مبلغ مدين بالحساب

Debt دين

Debt-bond swap: تبادل المديونيّة: سندات

Debt capacity القدرة على تحمّل المديونيّة - الإقتراض

Debt-equity swap تبادل المديونيّة: حصص

Debt defeasance فسخ الدين

Debt financing تمويل بالدين - تمويل عن طريق إصدار سندات أو اقتراض

Debt maturity إستحقاق الدين

Debt securities أوراق ماليّة تمثل ديون على الغير

Debt to equity ratio نسبة الدين لحقوق المساهمين

Debtor مديّن

Decentralization لا مركزيّة - عدم التمركز

Decentralized access control السيطرة على الدخول الغير مركزيّة

Declaration إعلان - إقرار

Declaration of bankruptcy إشعار إفلاس

Declaration of dividends إعلان توزيع أرباح الأسهم

Decline in market value إنخفاض في القيمة السوقيّة

Declining balances أرصدة متناقصة

Declining balance method طريقة الميزان الهابطة

Dedicated fee الرسم الملتزم به - الرسم المقطوع

Deduct خصم - خفض

Deduct the income tax خصم ضريبة الدخل

Deductible expense مصروف يمكن تنزيله - مصروف قابل للخصم

Deduction خصم - تخفيض

Deed in lieu of foreclosure عمل بدلا عن تعويق

Deed of trust عمل الثقة - سند برهن عقاريّ يعطى ضمانا للوفاء بذمّة

Default تقصير

Default loan قرض متعثّر
Defaulted تعثّر عن السداد
Defense-in-depth strategies إستراتيجيّات دفاع المعمّقة
Defense tax ضريبة دفاع
Defensive stocks الأسهم الدفاعيّة
Defer payment إرجاء الدفع
Deferred مؤجّل - مؤخّر
Deferred expenditures نفقات مؤجّلة - مصاريف مؤجّلة
Deferred gross profit إجماليّ الربح المؤجّل - إجماليّ الربح غير المحقّق
Deferred income taxes ضرائب الدخل المرجئة
Deferred payment letter of credit رسالة اعتماد مؤجّلة الدفع
Deferred revenue الدخل المرجأ
Deferred tax expense نفقة الضريبة المرجئة
Deficient ناقص - عجز

Deficit عجز - نقص
Deficit budget عجز الموازنة
Deflation ركود اقتصاديّ يصاحب ارتفاع الأسعار
Deflator مرجّح
Degree-of-leverage ratios درجة نسب قوّة الرفع
Degressive graduation التدرّج التناقصيّ
Delayed مؤجّل - مؤخّر
Delegate يمثّل - ينوب
Delegate task تكليف المهام
Delegates authority السلطة الممنوحة بشكل تمثيليّ
Delinquency التعثّر - التخلّف عن الدفع
Delinquency measurement قياس التأخّر
Delinquency rate - معدل التأخّر المتأخّرات
Delinquency ratio - نسبة التأخّر

معدّل التأخّر	
Delinquent account	حساب متأخّر الأداء
Delinquent client report	تقرير تأخّر الزبون أو العميل
Delinquent loan follow-up report	تقرير متابعة القروض المتأخّرة
Deliverable	قابل للتسليم
Delivered duty paid	جمارك التسليم المدفوعة
Delivered duty unpaid	جمارك التسليم غير المدفوعة
Delivery	تسليم - توصيل
Delivery of financial services	تقديم خدمات ماليّة
Delivery order	أمر تسليم
Demand	طلب
Demand curve	منحنى الطلب
Demand loan	قرض عند الطلب
Democratic	ديمقراطيّ
Demonstrated credibility	المصداقيّة المتظاهرة
Demurrage	رسوم يدفعها المستورد لتأخّره في إرجاع حاويات الشحن
Denial	رفض - نكران الذات
Denominator	مقام الكسر الكبير
Deny	ينكر - يرفض
Departmental contribution margin	المساهمة الحدّيّة للقسم
Departmental procedures	الإجراءات الإداريّة
Dependence	توقّف على اعتماد
Dependent variable	المتغيّر التابع
Depletion	إستنفاد - نضوب - نفاذ
Depletion allowance	علاوة نفاد
Deposit	وديعة
Deposit bank	مصرف إيداعات
Deposit slip	قسيمة الإيداع
Deposit ticket	إيصال إيداع
Depositor	مودع
Depositor's guaranty fund	صندوق ضمان أموال المودعين

Depreciable cost التكلفة القابلة للإستهلاك

Depreciation إستهلاك - هبوط القيمة

Depreciation expense مصروف الإستهلاك

Depreciation fund إحتياطي الإستهلاك

Depreciation methods طرق الإستهلاك

Depreciation of shares إنخفاض من قيمة الأسهم

Depression إنخفاض - هبوط

Depression of prices هبوط الإئتمان

Depressive graduation التدرّج التنازليّ في التطبيقات

Depth of outreach عمق الإنتشار

Derivation rule قاعدة اشتقاق

Derivative instruments الآلات القابلة للإشتقاق

Derived مشتقّ

Derived demand طلب مشتقّ

Deriving demand إشتقاق الطلب

Descending scale ضريبة تناقصيّة

Descriptive account number الرقم الوصفيّ للحساب

Design تصميم

Design patent تصميم براءة الإختراع

Design-and-build firms شركات البنية والتصميم

Designated معينّ

Designated financial statements البيانات الماليّة المصمّمة - القوائم الماليّة المصمّمة

Designated funds التمويل المخصّص لإستعمال معينّ

Designing financial products تصميم المنتجات الماليّة

Destruction تدمير - فقدان

Detailed balance sheet ميزانيّة عموميّة مفصّلة

Detection الكشف

Detection risk مخاطرة الإكتشاف

Detector الكاشف

Deterioration التدهور

Determinants of demand محدّدات الطلب

Determination of strategic options تصميم الخيارات الإستراتيجيّة

Determinants of supply محدّدات العرض

Determine يقرّر - يحدّد

Devaluation تخفيض

Devaluation policy سياسة خفض سعر العملة

Devastating consequences آثار مدمّرة

Development - تطوير - تحسين - تنمية - إرتقاء

Development credit قرض إنمائيّ

Development policy سياسة التنمية

Development tax - رسم تنمية - ضريبة

Devise توريث - هبة - وصيّة عقاريّة

Diagnostic routine برنامج تشخيصيّ

Diary يوميّة

Dictates يأمر - يملي أوامره

Differential cost الكلفة التفاضليّة

Differential revenue الفرق في الربحيّة بين خيارين

Differentiation تنويع - تمييز

Differentiation strategy إستراتيجيّة تفاضل

Digital signature التوقيع الرقميّ

Diligently بجدّ

Diluted مخفّف

Diluted net income per share الدخل الصافي المخفّف لكلّ سهم

Dilution تضخيم عدد الأسهم بإصدارات جديدة

Diminish يتناقص

Diminishing marginal returns تناقص العائد الحدّي

Diminishing marginal utility تناقص المنفعة الحدّية

Diminishing returns الغلال المتناقصة

Direct administrative expense ratio المصاريف الإداريّة المباشرة

Direct-debit transaction صفقة تقييد مباشرة

Direct deposit of payroll إيداع الرواتب المباشر

Direct commerce تجارة الجملة

Direct cost تكلفة مباشرة

Direct costing system نظام التكاليف المباشرة

Direct financing leases عقود الإيجار التمويليّ

Direct interest - مصلحة مباشرة شأن مباشر

Direct labor budget موازنة التكاليف المباشرة

Direct labor cost تكاليف العمّالة المباشرة

Direct labor efficiency variance متغيّرات كفاءة العمّالة المباشرة

Direct labor rate standards معايير نسبة العمّالة المباشرة

Direct labor rate variance معدّل متغيّرات تكلفة العمّالة المباشرة

Direct material costs تكلفة المواد الخام المباشرة

Direct material costs variance متغيّرات تكلفة المواد المباشرة

Direct materials inventory accounts حسابات جرد المواد المباشرة

Direct material purchase الشراء الماديّ المباشر

Direct materials quantity standard معيار كمّيّة المواد المباشرة

Direct ownership ملكيّة مباشرة
Direct quotation تحديد سعر الصرف بالأسلوب المباشر
Direct relation علاقة طرديّة
Direct sale بيع مباشر
Direct tax ضريبة مباشرة
Direction اتجاه
Directives توجيهات - تعليمات
Disagreements تعارض - خلاف
Disaggregated disclosure الإفصاح بطريقة التفصيل
Disbursement صرف - إنفاق - دفع
Disbursement systems أنظمة إنفاق
Disbursements مدفوعات
Discipline قواعد ضبط السلوك أو العمل
Disciplined approach النظرة المنضبطة
Disclaimer of opinion عدم إعطاء رأي

Disclosure إفصاح
Disclosure agencies هيئات الإفصاح عن المعلومات
Disclosure and publication الإفصاح عن المعلومات ونشرها
Disclosure of payments and revenues الكشف عن المدفوعات والإيرادات
Disclosure requirements متطلّبات كشف
Disclosure statement بيان الإفشاء
Discontinued operations أنشطة مستبعدة
Discount تنزيل - خصم
Discount allowed خصم مسموح به
Discount bank مصرف خصم
Discount factor - معامل خصم معامل تخفيض
Discount premium مقدار الفرق بين سعر الصرف الآجل وسعر الصرف الفوريّ

Discount rate معدّل الخصم - معدّل الحسم

Discount received خصم مكتسب

Discounted مخصوم

Discounted cash flow method طريقة خصم التدفّق النقديّ

Discovery agreement إتّفاقية اكتشاف

Discrepancies تناقضات

Discrepancy فرق - إختلاف - تباين

Discretionary إختياريّ

Discretionary bonus علاوة تقديريّة

Discretionary cost الكلفة التقديريّة

Discriminating duties ضرائب جمركيّة مميّزة

Discrimination تمييز

Discriminatory tax ضريبة تقديريّة

Discuss يناقش - يدرس

Diseconomies of scale تبذيرات الحجم

Disemployment فصل من وظيفة

Dishonored cheque شيك مرفوض

Dishonored notes الملاحظات المخزية

Disinflatory policy سياسة التصدّي للتضخّم

Disintermediation الوساطة

Disparate impact التأثير المتباين

Disparate treatment المعالجة المتباينة

Displacement of shares خفض الأسهم - تغيير

Disposal ترتيب - تنظيم

Disposition تنظيم - ميل - مزاج

Disposition of assets التخلّص من الموجودات - التخلّص من الأصول - بيع أو إهلاك تام

Dispute جدال - خلاف - نزاع

Disputed amount المبلغ المتنازع فيه

Disputed item المادة المتنازعة فيها

Dissavings حالة اللاتوفير

Dissolution الحلّ

Disruption of service عرقلة الخدمة

Distances المسافات

Distinguish يلحظ الفرق - يميّز بين

Distorted picture الصورة المشوّهة

Distribute cost among توزيع التكلفة بين

Distribution توزيع

Distribution charges مصاريف التوزيع

Distribution of divisions صرف أرباح الأسهم

Distribution of income توزيع الدخل

Distribution of profits توزيع الأرباح

Distribution rights حقوق توزيع

Divergence in إنحراف في

Diversified companies الشركات المنوّعة

Diversified portfolio سندات ماليّة متنوّعة - أوراق ماليّة متنوّعة

Diversity concepts and applications مفاهيم وتطبيقات التنويع

Dividend توزّيعات أرباح - حصّة الأرباح - أرباح السهم

Dividend cover غطاء أرباح الأسهم

Dividend in kind حصّة في النوع

Dividend payout ratio نسبة دفع حصّة

Dividend per share توزيعات أرباح للسهم الواحد

Dividend policy سياسة دفع أرباح الأسهم

Dividend warrant أمر دفع أرباح الأسهم

Dividend yield عائد أرباح الأسهم

Division قسم - القسمة

Division of labour تقسيم العمل

Document مستند

Documentary المستنديّة

Documentary credit إعتماد وثائقيّ
Documentary instructions الأوامر الوثائقيّة
Documentary letter of credit رسالة الإعتماد الوثائقيّة
Documentation التوثيق
Documentation requirements متطلّبات توثيق
Documented يزوّد أو يدعم بالوثائق
Documents against acceptance وثائق ضدّ القبول
Documents against payment وثائق ضدّ الدفعة
Dollar stocks الأسهم الدولاريّة
Domain الميدان
Domain name service خدمة اسم ملكيّة
Domain of sovereign governments مهمّة الحكومات ذات السيادة
Domestic and foreign direct investment الإستثمار المحلّيّ والأجنبيّ المباشر
Domestic bonds issue قرض محلّيّ - إصدار سندات محليّة
Domestic fund transfer تحويل الأموال المحلّيّ
Domestic initiative مبادرة محليّة
Domestic money order حوّالة بريديّة محليّة
Domestic trade تجارة داخليّة
Donated capital رأس المال الممنوح
Donated commodities or services السلع أو الخدمات المتبرّعة بها - السلع أو الخدمات الممنوحة
Donated equity حقوق الملكيّة المتبرّعة بها - حقوق الملكيّة الممنوحة
Donations and grants ratio نسبة المنح والتبرّعات - معدّل المنح والتبرّعات
Donator - donor مانح - متبرّع
Doomed project المشروع المنكوب
Dormant savings account حساب

توفير خفيّ - حساب توفير مستتر

Double-endorsed check شيك مزدوج التظهير

Double endorsement تظهير مزدوج

Double entry القيد المزدوج

Double entry system نظام قيد مزدوج

Double taxation - ضريبة مزدوجة - ضريبة مضاعفة

Doubtful debts الديون المشكوك فيها

Doubtful loan قرض مشكوك فيه

Downloading التحميل التحتيّ

Downstream process العمليّة النهائيّة

Downtime زمن التعطّل - مدّة التوقّف

Downward-sloping منحدر إلى أسفل

Dramatic effect التأثير المثير

Dramatically بشكل مثير

Drastic change التغيير الصارم

Drawback إستعادة رسوم الإستيراد - رسوم مرتدّه

Drawer الساحب

Drawee المسحوب عليه

Drawing account حساب المسحوبات

Drilling التنقيب

Drop-out rate - معدّل الإنسحاب - نسبة الإنسحاب

Drop-outs الإنسحابات

Dual presentation التقديم الثنائيّ

Due مستحقّ الأداء - مستحقّ الدفع

Due care العناية المستحقّة

Due date تاريخ الإستحقاق

Due diligence العناية اللازمة

Due-on-sale حقّ للبيع

Due to be repaid in مستحقّ الدفع في

Dues رسوم - ضرائب

Dumping إيعاز بإلغاء البرنامج مع

معطياته

Duplicative إزدواج

Duties واجب - مهمّة

Duty free خالص الضريبة

Duty of loyalty إحترام للاخلاص

Dwelling منزل

Dwelling tax ضريبة السكن

- E -

E-banking الخدمات المصرفيّة الإلكترونيّة

E-commerce التجارة الإلكترونيّة

Earliest finish date تأريخ النهاية الأسبق

Earliest start date تأريخ البداية الأسبق

Earned income الدخل المتحقّق - الدخل المكتسب

Earned surplus الفائض المحتجز

Earning asset أصل يجني عوائد

Earning of revenue إكتساب الإيراد

Earnings before interest and taxes المدخول قبل الفوائد والضرائب

Earnings on loans الدخل المحقّق على القروض

Earnings per share ربحيّة العائد على السهم

Econometrics إقتصاد قياسيّ

Economic analysis تحليل إقتصاديّ

Economic benefits المنافع الإقتصاديّة

Economic efficiency كفاءة إقتصاديّة

Economic engine المحرّك الإقتصاديّ

Economic enterprise المشروع الإقتصاديّ

Economic entities المنشأت الإقتصاديّة

Economic entity assumption

Economics علم الإقتصاد

Economies of scale وفورات الحجم

Economies of scale and scope وفرة الحجم والمجال

Economize إدّخر - إقتصر

Economy إقتصاد - توفير

Effective demand طلب فعّال

Effective hours الساعات الفعّالة

Effective interest method طريقة سعر الفائدة السائد

Effective interest rate معدّل الفائدة الفعليّ

Effective rate النسبة الفعّالة

Effectiveness الفعاليّة

Efficiency كفاءة - فعاليّة

Efficiency indicator مؤشّر الكفاءة - مؤشّر الفعاليّة

Efficient كفوء

Efficient market theory نظريّة السوق الكفوءة

Elaborate مدروس - متّقن - متعمّق

فرض الوحدة الاقتصاديّة المستقلّة

Economic goal هدف إقتصاديّ

Economic growth نمو إقتصاديّ

Economic life العمر الإقتصاديّ

Economic loss خسارة إقتصاديّة

Economic model نموذج إقتصاديّ

Economic order quantity كمّية الطلب الإقتصاديّة

Economic profit ربح اقتصاديّ

Economic stability إستقرار إقتصاديّ

Economic substance المادة الإقتصاديّة

Economic system نظام إقتصاديّ

Economic theory نظريّة إقتصاديّة

Economic value القيمة الإقتصاديّة

Economic value added إضافة المنفعة الأقتصادية -ضريبة شراء السلع الإقتصادية

Economically feasible عمليّ إقتصادياً

Elastic demand طلب مرن
Elastic supply مرونة العرض
Elasticity مرونة
Elasticity of demand مرونة الطلب
Elasticity of supply مرونة العرض
Elective post منصب أو وظيفة بالإنتخاب - مركز خاضع للإنتخاب
Electronic bill presentment and payment تقديم ودفعة الفاتورة الإلكترونيّة
Electronic check clearing house organization منظّمة دار مقاصة المراقبة الإلكترونيّة
Electronic check presentment تقديم المراقبة الإلكترونيّ
Electronic commerce التجارة عبر الإنترنت
Electronic data capture إلتقاط البيانات الإلكترونيّ
Electronic data gathering تجمّع البيانات الإلكترونيّة

Electronic data interchange تبادل البيانات الإلكترونيّة
Electronic data processing التشغيل الإلكترونيّ للبيانات
Electronic funds transfer تحويل الأموال إلكترونيّاً
Electronic mail البريد الإلكترونيّ
Electronic transactions الصفقات الإلكترونيّة
Eligibility الأهليّة
Eligible مؤهّل
Eliminate أزل
Elimination إزالة
Emanate إنبثق
Embargo المقاطعة
Embedded محشوّ - مدمج - مغمور
Embezzlement إختلاس
Embrace يعانق - يطوّق - يعتنق
Emergency setting ضريبة غير عاديّة لظروف طارئة
Emergency tax ضريبة ظروف طارئة

ضريبة إستثنائيّة -
Emerging technologies التقنيّات الصاعدة
Eminent domain ملكيّة تامة بارزة
Emolument أجر - راتب - تعويض
Emphasize يشدّد - يؤكّد
Employee موظّف - مستخدم
Employee earning record سجل دخل المستخدم
Employer صاحب العمل
Employment وظيفة - عمل - تشغيل
Employment policy سياسة العمّالة - سياسة التوظيف - سياسة العمل
Employment skills testing مهارات توظيف تختبر
Employment tax ضريبة مرتّبات
Empowered التمكين من أسباب القوة
Encashment قبض
Encompass يشمل
Encompassing interest مصلحة عليا

Encounter يواجه - يصادم
Encumbrance دين
End of period نهاية الفترة
Ending نهائيّ
Ending inventory الرصيد الختاميّ للمخزون
Ending inventory مخزون آخر المدّة
Endorse يوقّع على شيك
Endorsement التصديق - التظهير على شيك
Enforce يفرض بالقوّة
Engage with civil society organizations and industry العمل مع منظّمات المجتمع المدنيّ والصناعات المعنيّة
Engagement إلتزامات ماليّة
Engagement communication إتّصال ارتباط
Engagement letter - رسالة تعاقد خطاب التزام
Engagement planning تخطيط

الإرتباط

Engagement risk audit خطر تعاقد التدقيق

Engineered costs الكلف المهندسة

Engineering tolerance هندسة التحمّل

Enhanced ability to attract top-quality employees القدرة المحسّنة لجذب المستخدمين من أجود نوعيّة

Enhanced environment البيئة المعزّزة

Enhancing profit margin تحسين هامش الربح

Enlightening تنوير

Enormous product output ناتج المنتج الهائل

Enrolled agent وكيل المسجّل

Ensure يضمن - يكفّل

Enter a stock شراء سهم

Enterprise - مشروع - عمل مؤسّسة

Enterprise account management model نموذج إدارة حساب مشروع

Enterprise development services خدمات تطوير المشاريع

Enterprise equilibrium توازن المشروع

Enterprise resource planning تخطيط مصدر المشروع

Enterprise solutions group مجموعة حلول مشروع

Enterprise value قيمة مشروع

Enterprise zone منطقة الإستثمار

Entertainment tax ضريبة الملاهي

Enthusiasm الحماس

Entity كيان - شخصيّة معنويّة

Entity boundary حدّ كيان

Entity concept مفهوم الوحدة المحاسبيّة

Entrepreneur رجل الأعمال - منظّم - مالك - مدير

Entry value method طريقة القيمة

الإحلاليّة للأصل

Envelope curve منحنى مظروفيّ

Environment بيئة

Environmental analysis تحليل بيئيّ

Environmental health hazards الخطر على الصحة االبيئيّة

Environmental industry الصناعة البيئيّة

Environmental permit إذن بيئة

Environmental scan المسح البيئيّ

Environmentally sensitive policy سياسة حساسّة للبيئة

Equal opportunities سياسة تساوي الفرص

Equal principal payments دفعات متساوية لأصل الدين

Equality مساواة

Equalization تسوية - مساواة - معادلة

Equalization tax ضريبة توزيع عادل

Equalizing discount rate معدّل خصم معادل

Equilibrium الموازنة

Equilibrium income دخل متوازن

Equilibrium position وضع متوازن

Equilibrium price سعر التوازن

Equilibrium quantity كمّية التوازن

Equilibrium rate of inflation معدّل التضخّم المتوازن

Equipment أجهزة - معدّات

Equipment account حساب المعدّات

Equipment depreciation إهلاك المعدّات - إستهلاك المعدّات

Equipment leasing تأجير المعدّات

Equipment maintenance صيانة المعدّات

Equipment rental إستئجار المعدّات

Equitable charge رهن ضمان دين أو ضريبة

Equity حقّ الملكيّة للمساهمين - حقوق الملكيّة - إستثمار رأس المال

Equity account حساب حقوق الملكيّة
Equity capital رأس مال حقوق الملكيّة
Equity compensation plans خطط تعويض الملكيّة
Equity financing تمويل حقوق الملكيّة
Equity financing, investment تمويل حقوق الملكيّة
Equity grant منحة لرأس المال
Equity investment إستثمار حقوق الملكيّة
Equity market سوق الأسهم
Equity method - طريقة حق الملكيّة - نسبة الملكيّة - نظريّة حقوق المساهمين
Equity multiplier مضاعف حقوق الملكيّة
Equity multiplier ratio نسبة مضاعفة حقوق الملكيّة
Equity securities أوراق ماليّة تمثّل حقوق ملكيّة
Equivalent production الإنتاج المكافئ

Equivalent unit of production وحدة الإنتاج المكافئة
Equivalent units الوحدات المكافئة
Eradicate يمحو
Ergonomic improvements التحسينات المريحة
Erroneous خاطئ - غير صحيح
Error correction تصحيح خطأ
Error of correction خطأ في التقييد في الحساب الصحّ
Error of omission خطأ الحذف
Error of principle خطأ المبدأ
Escrow account حساب سند معلّق التسليم
Escrow analysis تحليل سند معلّق التسليم
Escrow balance رصيد السند المتعلّق التسليم
Established post - وظيفة ثابتة - وظيفة دائمة - وظيفة مقرّرة
Establishing يثّبت

Establishment expenses مصاريف تأسيس

Estate شركة - عقار - ملك

Estate duty ضريبة تركات

Estate planning التخطيط للتصرّف بالأملاك

Estate tax - ضريبة أيلولة التركات - ضريبة عقار - ضريبة التركات - ضريبة عقاريّة

Estate tax reductions التخفيضات من ضرائب الملكيّة

Esteem needs حاجات احترام

Estimate التخمين والتفنيد

Estimated annual effective tax rate نسبة الضريبة الفعّالة السنوية المخمّنة

Estimated liability الإلتزام المقدّر

Estimated price - سعر افتراضيّ سعر تقديريّ

Estimated useful life الحياة المفيدة المخمّنة

Estimates تثمين - تقدير

Ethical leadership القيادة الأخلاقيّة

Ethical standards المعايير الأخلاقيّة

Ethics الأخلاق

Evaluate قيّم

Evaluations تثمين - تقييم

Event risk خطر الحدث

Evidence دليل - شهادة - سند

Ex-all rights بدون أي حق - بدون علاوة أو حقّ في الأرباح

Ex-bonus بدون علاوة - بدون الحق في أسهم جديدة

Ex factory المصنع السابق

Ex warehouse المخزن السابق

Example of presentation مثال التقديم

Exchange policy سياسة الصرف

Exchange rate policy سياسة سعر الصرف

Exception الإستثناء

Exceptional items المواد

Exchange premium فرق سعر تبديل العملة - علاوة سعر الصرف

Exchange rates سعر الصرف - سعر التحويل

Exchange shares تداول الأسهم

Exchange surcharge ضريبة صرف إضافيّة

Exchange transaction عمليّة تبادليّة

Exchanging cheques شيكات تصرف في مصرف غير مسحوب عليه

Excise ضريبة غير مباشرة - رسم أو ضريبة إنتاج أو عمل

Excise and turnover taxes ضريبة الإنتاج والضرائب على جملة المبيعات

Excise duty رسم إنتاج - ضريبة إستهلاك - رسم وارد

Excise tax ضريبة غير مباشرة

Excluding grants بإستثناء المنح

Execute ينفّذ

Execution تنفيذ - تحقيق

Executive تنفيذيّ - إجرائيّ -

الإستثنائيّة

Excess زيادة - فائض - زائد

Excess capacity الطاقة الفائضة

Excess cash نقد فائض

Excess demand طلب زائد

Excess of revenue over expenses زيادة الدخل على النفقات

Excess profit tax ضريبة على الإيرادات الاستثنائيّة - ضريبة أرباح إضافيّة

Excess supply عرض زائد

Excessive taxation ضريبة مرهقة

Exchange تبادل - صرف النقود

Exchange conversion losses خسائر تحويل عملات أجنبيّة

Exchange equalization fund صندوق موازنة الصرف

Exchange gain or loss خسائر أو أرباح تحويلات

Exchange of shares تبادل الأسهم - تبادل الحصص

البيعيّة للأصل

Expanded interfacing التوصيل الموسّع

Expansion path خطّ التوسّع

Expansionary monetary policy سياسة نقديّة توسعيّة

Expansionary policy سياسة توسعيّة

Expectancy توقّع

Expectation توقّع

Expected annual capacity القدرة السنويّة المتوقّعة

Expected loss on contract الخسارة المتوقّعة عن العقد

Expected sales المبيعات المتوقّعة

Expedite يسهّل - يعجّل

Expediting تعجيل

Expendable قابل للإستهلاك

Expenditure نفقة - مصروف - تكاليف

Expense مصروف

السلطة التنفيذيّة

Executive bonus علاوة الموظّفين الإداريّين

Executive cross-functional group المجموعة عبر الوظيفيّة التنفيذيّة

Executive director مدير تنفيذيّ

Executive information system نظام المعلومات التنفيذيّ

Executor المنفّذ

Executory cost تكلفة تنفيذ العقد

Exempt معفى

Exemption from presentation إستثناء من التقديم

Exemption from taxes إعفاء من الضريبة

Exhaustive شامل

Existence وجود

Existing home sales مبيعات المنازل القائمة

Exit value method طريقة القيمة

Experience تجربة

Experiential تجريبيّ

Expert خبير - متخصص

Expiration date تأريخ إنتهاء

Expiration of commitment إنتهاء وعد - إلتزام - تعهّد

Expired expense النفقة المنتهية

Expiry إنقضاء - إنتهاء المدة الصلاحيّة

Explanation تفسير

Explicit صريح ظاهر

Explicit and implicit الواضح والضمنيّ

Explicit knowledge المعرفة الواضحة

Exploration الإستكشاف

Exploratory research البحث الإستطلاعيّ

Export تصدير

Export bonus علاوة تصدير - إعانة صادرات

Export bounty تصدير

Export broker سمسار تصدير

Export credit insurance ضمان ائتمان الصادرات

Export declaration إعلان تصدير

Export declaration form ضرائب نموذج بيان تصدير

Export duty ضريبة صادرات

Export embargo خطر التصدير

Export incentives حوافز التصدير

Export license رخصة تصدير

Export management company شركة إدارة تصدير

Export policy - سياسة التصدير سياسة تصديريّة

Export quotas حصّة تصدير

Export restraint agreement إتّفاق تقييد الصادرات

Export subsidy إعانة تصدير

Export tax ضريبة الصادرات

Exportation تصدير

Exporter مصدر
Exposed net asset position الفرق بين قيمة الآجل وقيم الإلتزام الذي نشأ بسببه
Exposure - التعرّض (للخسارة) - كشف - إبداء للعيان - فضح
Expropriation نزع الملكيّة
Extend the term of a loan تمديد فترة القرض
Extended-term consultant إستشاريّ معين لفترة طويلة
Extended-term temporary موظّف مؤقّت معين لفترة طويلة
Extending تمديد
Extensive business تجارة متّسعة
Extensively إلى حدّ كبير
External خارجيّ
External audit تدقيق خارجيّ
External auditor مدقّق خارجيّ
External commerce تجارة خارجيّة
External customers عملاء خارجيّون
External economies وفورات خارجيّة
External failure costs كلف الفشل الخارجيّ
External letters of guarantee خطابات الضمان الخارجيّة
External loan قرض خارجيّ
External revenues الإيرادات الخارجيّة
Extinction إنقراض
Extra premium - علاوة إضافيّة - قسط إضافيّ
Extraction إستخراج
Extractive industries الصناعات الإستخراجيّة
Extractive industries transparency initiative إستعراض الصناعات الإستخراجيّة
Extractive industries transparency initiative

principles مبادئ مبادرة الشفافيّة في مجال الصناعات الإستخراجيّة

Extraneous غريب - دخيل

Extraordinary items بنود غير عاديّة - بنود استثنائيّة - مواد استثنائيّة

- F -

Face value قيمة إسميّة

Facilities وسائل أدوات تسهّل العمل

Facility تسهيل - خدمة - مصلحة

Factor وكيل بيع - أحد العوامل

Factor endowment توفّر عناصر الإنتاج

Factor shares عامل الأسهم

Factoring بيع الديون

Factoring accounts receivable حساب ذمم بيع ديون المديّنة

Factors of production عناصر الإنتاج

Fail over الفائض الحاصل بعد فشل عمليّة ما

Failed bank مصرف فِي حالة إفلاس

Failure فشل - عجز

Failure to abate الفشل للهدوء

Fair labor standards act قانون معايير العمل العادلة

Fair market value سعر السوق العادل - القيمة السوقيّة المتوسّطة

Fair value القيمة العادلة

Fair value accounting محاسبة القيمة العادلة

Fairness and justice الإنصاف والعدالة

Faith ثقة تامّة

Faith-based organizations المنظّمات القائمة على أساس الأديان

Fake breakouts إرتفاع سعر الأسهم الوهميّ

Fall in value هبط سعره

Fallout النتيجة العرضيّة

False negative السلبيّ الخاطئ

False positive الإيجابيّ الخاطئ

Familiarizes يجعله مألوفاً - يعوّده أمراً

Family allowance إعانة عائليّة - علاوة عائليّة - مخصّصات عائليّة

Family services policy سياسة الخدمات العائليّة

Fashion trade تجارة أزياء راقية

Faulty خاطئ - معيب - مذنب

Feasibility جدوى

Feasibility study دراسة الجدوى

Feasible عمليّ - ملائم

Features الميّزات

Fee رسم

Fee-based services خدمات معتمدة على الرسوم

Fee income الدخل من الرسوم

Fee per transaction رسم حسب كل صفقة - أجرة حسب كل صفقة

Fee simple ملكيّة تامّة

Feedback التغذية العكسيّة - المعلومات الراجعة

Feedback control system نظام سيطرة تعليقات

Feedback mechanism آليات المعلومات التقييميّة

Feedback value قيمة التغذية العكسيّة

Fictitious price الثمن الصوريّ

Fiddly صعب

Fiduciary موثوق به - لا يحتاج إلى ضمان

Fiduciary loan قرض بدون ضمان

Fiduciary responsibility المسؤوليّة الإئتمانيّة

Fiduciary risk مخاطرة ائتمانيّة

Field compensation problem مشكلة تعويض الحقل

Field staff موظّفون ميدانيّون

Figure code دليل رقميّ

Figures أشكال

File ملفّ

File for bankruptcy تقديم طلب بالإفلاس

File integrity سلامة ملفّ

Final accounts حسابات ختاميّة

Final dividend التوزيعات النهائيّة لأرباح الأسهم في سنة واحدة

Final underwriting account حساب نهائيّ للمشتركين في قرض

Final written warning التحذير النهائيّ المكتوب

Finance charge تكلفة تمويل

Finance lease الإيجار التمويليّ

Financial ماليّ

Financial accounting المحاسبة الماليّة

Financial Accounting Standards Board مجلس معايير المحاسبة الماليّة

Financial assets أصول ماليّة

Financial budget الميزانيّة الماليّة

Financial bust التمثال النصفيّ الماليّ

Financial calculator حاسبة ماليّة

Financial cooperative جمعيّة ماليّة - تعاونيّة ماليّة

Financial cost تكلفة ماليّة

Financial director موظّف ماليّ - مدير ماليّ

Financial disclosures عمليّات الكشف الماليّة

Financial engineering الهندسة الماليّة

Financial executives international المدراء التنفيذيّون الماليّون الدوليّون

Financial flexibility المرونة الماليّة

Financial forecast تنبّؤ ماليّ - توقّع ماليّ

Financial goals أهداف ماليّة

Financial guarantee insurance تأمين الضمان الماليّ

Financial guarantees الضمانات الماليّة

Financial income الدخل الماليّ

Financial indicator مؤشّر ماليّ
Financial institution مؤسّسة ماليّة
Financial instrument آلة ماليّة
Financial intermediary وسيط ماليّ
Financial intermediation وساطة ماليّة
Financial leverage قدرة ماليّة
Financial liabilities خصوم ماليّة
Financial loan قرض تمويليّ
Financial modeling تقييم ماليّ - تصميم نموذج ماليّ
Financial models نماذج ماليّة
Financial objectives orientation توجيه الأهداف الماليّ
Financial officer موظّف ماليّ - مدير ماليّ
Financial planner مخطّط ماليّ
Financial planning تخطيط ماليّ
Financial policy سياسة ماليّة
Financial position وضع ماليّ
Financial productivity إنتاجيّة ماليّة
Financial projection تقدير ماليّ - توقّع ماليّ
Financial ratio نسب ماليّة
Financial ratio analysis تحليل النسب الماليّ
Financial regulation نظام ماليّ - قانون ماليّ
Financial report تقرير ماليّ
Financial reporting نشر التقارير الماليّة - الإعلام الماليّ
Financial reporting release إطلاق إعداد تقارير ماليّة
Financial results النتائج الماليّة
Financial schedule الجدول الماليّ
Financial sector matrix مخطوطة الخدمات الماليّة
Financial sector trend analysis تحليل منحى القطاع الماليّ
Financial self-sufficiency إكتفاء ذاتيّ ماليّ

Financial spread فرق ماليّ
Financial stability الإستقرار الماليّ
Financial standing الموقف الماليّ
Financial statement audit تدقيق القوائم الماليّة
Financial statements قوائم ماليّة
Financial strength قوّة ماليّة
Financial structure - بناء ماليّ هيكل ماليّ
Financial supervision - رقابة ماليّة إشراف ماليّ - إدارة ماليّة
Financial sustainability إستدامة ماليّة
Financial transparency شفافيّة ماليّة
Financial viability - إستمراريّة ماليّة القابليّة الماليّة للتطور والنمو
Financial year السنة الماليّة
Financiers رجال المال - مموّلون
Financing تمويل
Financing activities أنشطة تمويليّة

Financing cost كلفة التمويل
Financing cost ratio نسبة تكلفة تمويليّة
Financing mechanism آليات التمويل
Financing the transaction تمويل الصفقة
Fine rate معدّل فائدة منخفض على قرض
Fingerprints بصمة الإصبع
Finished goods السلع التامّة الصنع
Finished goods inventory مخزون سلع تامة الصنع
Firm شركة
Firm commitment الإلتزام المؤكّد
First-choice supplier مورد الخيار الأوّل
First impression الإنطباع الأوّل
First-in-first-out طريقة الوارد أوّلاً صادر أوّلاً
First mortgage bonds سندات

مضمونة برهن من المرتبة الأولى

First mortgage loan قرض مضمون برهن من المرتبة الأولى

First written warning التحذير المكتوب أوّلاً

Fiscal administration مصلحة الضرائب

Fiscal policy سياسة ضريبيّة

Fiscal price سعر ماليّ

Fiscal quarter الربع الماليّ

Fiscal year سنة ماليّة

Fixed asset أصل ثابت

Fixed asset depreciable cost تكلفة الأصل الثابت القابلة للإستهلاك

Fixed asset spending ratio نسبة الأنفاق على الأصول الثابتة

Fixed asset loan قرض للموجودات - قرض للأصول الثابتة

Fixed assets أصول ثابتة

Fixed charge coverage تغطية الرسوم الثابتة

Fixed cost تكلفة ثابتة

Fixed interest فائدة ثابتة

Fixed liabilities خصوم ثابتة

Fixed price contracts العقود ذات السعر المحدّد سلفاً

Fixed-rate first mortgage سعر الرهن الأوّل الثابت

Fixed-rate home equity loan سعر قرض أصل عقاريّ ثابت

Fixed-term appointment وظيفة لأجل محدود

Fixed term deposit وديعة لأجل محدّد

Fixed value unit of currency مفهوم الوحدة النقديّة ثابتة القيمة محاسبيّاً

Fixtures أثاث

Flash report تقرير

Flat-benefit formula صيغة المنفعة المستوية

Flat interest فائدة ثابتة

Flat rate معدّل ثابت

Flexibility المرونة

Flexible budget الموازنة المرنة: تعتمد على الايراد أو التكلفة المقدّرة للمنتجات الفعليّة

Flexible budget formula صيغة ميزانيّة مرنة

Flexible policy سياسة مرنة

Float الفترة الزمنيّة بين إيداع المبلغ وتحصيله - كمّية الوقت لإنجاز مهمّة

Float on the market طرح الأسهم في السوق

Floating capital رأسمال متداول

Floating policy - سياسة غير ثابتة بوليصة عائمة

Floating rate معدّل التعويم - سعر التعويم

Flood hazard insurance تأمين ضدّ الطوفان

Floor space utilization إستخدام المساحات الأرضيّة

Flotation of loan تعويم قرض

Flourishing trade تجارة مزدهرة

Flow item بند تدفّق - عنصر التدفّق

Flow of funds statement قائمة الحركة الماليّة

Flow rate نسبة التدفّق

Flow-through entity تدفّق خلال الكيان

Fluctuations تغيّر الأحوال - تقلّبات

Focus group مجموعة نقاش مركّزة

Focusing تركيز

Follow up يتابع الاتّصال - يلاحق من غير إنقطاع

Follow-up activities متابعة النشاطات

Food policies سياسة غذائيّة

Forced loan قرض إجباريّ

Forced sale value قيمة البيع الإجباريّ

Forced savings - إدخار إجباريّ توفير إجباريّ

Forecasting تنبّؤ

Foreclosure حبس الرهن

Foreign bonds issue قرض سندات مصدرة بالخارج

Foreign corrupt practices تحسين لقانون الأوراق الماليّة لإنجاز طرح الأسهم الضريبيّ بحيث يمنع الرشوة

Foreign currencies عملات أجنبيّة

Foreign currency loan قرض بصلة أجنبيّة

Foreign currency statements عمليّة ماليّة تمّ تحديد قيمتها بالعملة الأجنبيّة

Foreign exchange contracts عقود العملات الأجنبيّة

Foreign exchange rate سعر الصرف للعملات الأجنبيّة

Foreign exchange stabilization fund صندوق موازنة التحويل الخارجيّ

Foreign loan قرض خارجيّ

Foreign transaction صفقة تحديد قيمتها بالعملة الأجنبيّة

Forensic accounting المحاسبة العدليّة

Forest taxation ضريبة لحفظ الغابات

Forfeit صادر - أسقط حقّاً - تنازل عن علاوة

Forfeited account - حساب مسقّط حقّ مفقود

Forged bonds سندات مزوّرة

Forged check شيك مزوّر

Forger مزوّر

Forgery تزوير

Forgivable loan قرض لا يفترض سداده

Formal financial institution مؤسّسة ماليّة رسميّة

Formal shareholder assessment تقييم رسميّ لحملة الأسهم

Format شكل عرض القائمة الماليّة

Formative function وظيفة تشكيليّة

Former مشكّل - مكوّن - سابق مذكور أوّلا

Formidable هائل

Forward contract عقد آجل

Forward exchange contract عقد صرف آجل

Forward option contract حقّ الإختيار في العقود

Forward or future exchange rate سعر الصرف المحدّد مسبّقاً

Forward premium علاوة آجلة - فرق تأجيل التسليم

Fractional right حقّ في كسر الأسهم

Framework الأطار

Framework for the preparation and presentation الأطار للتحضير والتقديم

Franchise agreement obligations الإلتزامات المبدئيّة لإتفاقيّة الإمتياز

Franchise tax ضريبة على حقّ الإستغلال - ضريبة إنشاء شركة أو مؤسّسة

Fraud prevention and detection منع وكشف إحتيال

Fraudulent financial reporting إعداد التقارير الماليّة المحتال

Fraudulently بإحتيال

Free alongside ship التسليم بجانب السفينة

Free carrier الناقل المجّانيّ

Free enterprise system نظام المشروع الحرّ

Free exchange rate سعر الصرف الحرّ

Free on board التسليم فوق السفينة

Free on board destination إتجاه تسليم فوق السفينة

Free on board shipping point نقطة شحن تسليم فوق السفينة

Free on rail التسليم في محطّة السكك الحديديّة

Free trade التجارة الحرّة

Free trade agreement إتّفاقية التجارة الحرّة

Free trade area منطقة تجارة حرّة

Free trade policy سياسة التبادل الحرّ

Free trade zone المنطقة التجاريّة الحرّة

Freely negotiable قابل للتفاوض بحريّة

Freehold ملك حرّ

Freight أجرة الشحن

Freight charges مصروفات الشحن

Freight collect مصاريف الشحن على المشتري

Freight-in تكلفة النقل للداخل

Front-end loads تكاليف الأسهم الإضافيّة

Front-office المكتب الأماميّ

Frontier حدود

Fulfilling إنجاز

Full cost الكلفة الكاملة

Full cost accounting محاسبة التكلفة الكلّيّة

Full costing التكلفة الكاملة

Full disclosure الكشف الكامل

Full disclosure principle مبدأ الإفصاح التامّ

Full-employment policy سياسة التوظيف الكامل

Function وظيفة

Function call إستدعاء وظيفة

Function / informative وظيفة خبريّة

Function / instrumental وظيفة نفعيّة

Function / interpersonal وظيفة تفاعليّة

Function point analysis تحليل نقطة وظيفة

Functional budget موازنة وظيفيّة

Functional currency عملة وظيفيّة

Functional requirements متطلّبات وظيفيّة

Fund إعتماد ماليّ

Fund accounting محاسبة التمويل

Fundamental أساسيّ

Fundamental basis القاعدة الأساسيّة

Fundamental errors أخطاء أساسيّة

Fundamentals of finance أساسيّات ماليّة

Funded loan قرض مثبّت

Funding loan قرض محوّل - قرض مثبّت من أصل وفوائد

Funds موارد ماليّة - إعتماد ماليّ

Funds provided from operating activities أموال متوفّرة من النشاطات التشغيليّة

Funeral club نادي جنائزي

Fungibility قابل للنقل - قابل للإستبدال

Fungible منقولات

Furloughed employee المستخدم المجاز

Furnish يجهّز - يزوّد بـ

Furniture منقولات - أثاثات

Future benefits منافع مستقبليّة

Futures and option trading تجارة العقود المستقبليّة وعقود الخيارات

- G -

Gain ربح - مكسب

Gain contingencies مكسب حالات طوارئ

Gain from currency adjustments الربح من تسويات العملة

Gambling policy سياسة المضاربة

Gap analysis تحليل الفجوة

Gap ratio معدّل نسبة الفجوة

Gap report تقرير العجز

Gap risk مخاطرة الفجوة

Gauging systems قياس الأنظمة

Gearing ratio معدّل الإقراض

General agreement on tariffs and trade الإتّفاقيّات العامّة على التعرفة الجمركيّة

General expenses مصاريف عموميّة

General guarantee ضمان عام

General interest مصلحة المجموع

General journal سجل اليوميّة العامّة - دفتر اليوميّة

General ledger دفتر الأستاذ العامّ

General price محاسبة على أساس السعر العامّ - محاسبة مستوى السعر

General price index الرقم القياسيّ للمستوى العام للأسعار

General price level المستوى العام للأسعار

General price level adjusted historical cost مدخل التكلفة التاريخيّة المعدّلة

General reserve fund الإحتياطيّ العام

General services department إدارة الخدمات العامّة

General treasury fund صندوقّ الخزينة العام

Generally accepted accounting principles المبادئ المحاسبيّة المتعارف عليها والمقبولة عموماً

Generally accepted auditing standards معايير التدقيق المتعارف عليها والمقبولة عموماً

Geographical segment القطاع الجغرافيّ

Geometry علم الهندسة

Gift tax ضريبة على الهبات

Gilts سندات أو أسهم مضمونة

Give a rise أعطى علاوة

Global bonds سندات عالميّة

Global custody الرعاية العالميّة

Global income tax ضريبة الدخل الموحّدة

Global credit crisis الأزمة الائتمانيّة العالميّة

Global income tax ضريبة الدخل الموحّدة

Global mutual fund الصندوق المتعدّد العالميّ

Globalization العولمة

GNP implicit price deflator الرقم القياسيّ للناتج الإجماليّ القوميّ

Go in depth الدخول في أدقّ التفاصيل

Goal الهدف - الغاية

Goal congruence تطابق هدف

Goals and benefits الأهداف والمنافع

Going concern فرض إستمراريّة المشروع

Going concern assumption فرضيّة إستمراريّة النشاط

Going concern concept مفهوم الإستمرار

Going concern principle مبدأ الإهتمام المستمرّ

Going public تسجيل اسهم الشركة في البورصة

Going to court ذاهب إلى محكمة

Gold premium علاوة الذهب

Gold trade تجارة الذهب

Golden rules of accounting قواعد المحاسبة العالميّة

Good business أعمال ناجحة - تجارة رائجة

Good conduct pay علاوة حسن السلوك

Good debts ديون جيّدة

Good faith estimate of settlement costs تقدير تكاليف تسوية بحسن نيّة

Good standing وضعيّة حسنة - سمعة حسنة

Goods بضائع - سلع

Goods and services سلع وخدمات

Goods available for sales سلع متوفّرة للمبيعات

Goods-in-process inventory بضاعة قيد الصنع

Goods in progress بضاعة تحت التشغيل

Goodwill شهرة المحلّ

Governance الحكم - الحاكميّة

Government check شيك حكوميّ

Government loan قرض حكوميّ

Government policy سياسة الحكومة

Government securities هيئة الأوراق الماليّة والبورصة

Government trade تجارة حكوميّة

Governmental accounting المحاسبة الحكوميّة

Governmental grants المنح الحكوميّ

Grace period فترة السماح - مهلة

Graded tax ضريبة متدرّجة

Graduated income tax ضريبة تصاعديّة على الدخل

Graduated tax ضريبة متزايدة - ضريبة الشرائح - ضريبة تدريجيّة - ضريبة تصاعديّة

Grand total المجموع الكلّي

Grant منح - دعم

Grant income دخل من المنح

Grant income for financial دخل من المنح للخدمات الماليّة

Grant income for financial services دخل من المنح للخدمات الماليّة

Granting يمنح - يسلّم بـ

Granting of credit منح إعتماد - موافقة على إعتماد

Granting of loan منح قرض

Grants related to assets منح متعلّق بالأصول

Gratification علاوة - مكافأة نظير عمل

Gratuitous علاوة تبرّعيّة - علاوة بلا مقابل - علاوة بلا مسوّغ

Grievance rates نسب شكوى

Groceries بضائع بقالة

Gross إجماليّ - قائم - مجمل

Gross cost تكلفة إجماليّة

Gross domestic product الناتج المحلّيّ الإجماليّ

Gross income مجمل الدخل - إيراد إجماليّ

Gross interest إجماليّ الفائدة

Gross investment إستثمار إجماليّ

Gross loss خسائر إجماليّة

Gross margin method طريقة هامش الربح

Gross margin percentage نسبة هامش الربح

Gross national product إجماليّ الناتج القوميّ

Gross negligence إجماليّ الأهمال - أهمال جسيم - تقصير فاحش

Gross proceeds حصيلة قرض

Gross profit مجمل الربح - إجماليّ الربح

Gross profit margin analysis تحليل هامش إجماليّ ربح

Gross profit margin on sales هامش إجماليّ ربح على المبيعات

Gross profit method طريقة إجماليّ ربح

Gross requirements المتطلّبات الإجماليّة

Gross sales إجماليّ المبيعات

Gross sum مبلغ إجماليّ

Gross weight الوزن الكلّي

Group مجموعة

Group accounts الحسابات الجماعيّة

Group-based lending الإقراض على أساس المجموعات

Group guarantee ضمان المجموعة

Group intercompany

transactions العمليّات المتبادلة بين منشآت المجموعة الواحدة
Growing trends loan default نمو منحنيات تعثّر القروض
Growth نموّ
Growth investing إستثمار النموّ
Growth stocks أسهم النموّ
Guarantee allowance مخصّصات الضمان
Guarantee funds صناديق الضمان
Guaranteed bills كمبيالات مضمونة
Guaranteed debt قرض مضمون
Guaranteed deposits ودائع مضمونة
Guaranteed dividend أرباح أسهم مضمونة
Guaranteed interest فائدة مضمونة
Guaranteed loan - سلفة مضمونة - قرض مضمون
Guaranteed obligations إلتزامات مضمونة

Guaranteed prices أسعار مضمونة
Guaranteed residual value القيمة المبقاة المضمونة
Guaranteed stock - أسهم مضمونة - أوراق ماليّة مضمونة القيمة والعائد
Guarantor كفيل
Guidance planning التخطيط المدروس
Guide on resource revenue transparency دليل شفافيّة الإيرادات من الموارد
Guilty مذنب

- H -

Halt وقوف - توقّف - موقف
Handle معاملة البضائع
Handle with care معاملة البضائع بعناية
Handling cost سعر المناولة
Handsome gains أرباح ضخمة

Harbor or port dues رسوم الميناء

Hard costs الكلف الصعبة

Hard currency عملة صعبة - عملة نادرة

Hard currency loan قرض بعملة صعبة

Hardware الأجهزة

Harmonized system النظام المنسّق

Hash total جمع تحقيق - مجموع نحتيّ

Head of a department رئيس قسم - رئيس مصلحة

Head of household رئيس العائلة

Head count إحصاء العمّالة العاملة

Head count projection تقدير عدد العمّالة المطلوبة

Head office المكتب الرئيسيّ

Head tax ضريبة على الرأس

Health certificate شهادة صحّيّة

Health insurance تأمين صحّيّ

Healthy loan قرض ناجح

Heavy loss خسارة جسيمة

Hedge fund الصندوق الوقائيّ

Hedging الخطّة الوقائيّة - تجنّب مخاطر تغيّر سعر العملة

Held-to-maturity متمسّك بها حتى تاريخ إستحقاقها

Held-to-maturity investments محفوظه حتى تاريخ إستحقاق الإستثمار

Held-to-maturity securities أوراق ماليّة تحفظ إلى تاريخ الإستحقاق

Hidden asset الأصول المخفيّة

Hidden costs الكلفة المخفيّة

Hidden tax ضريبة مستترة

Hierarchy التدرّج

High-level implementation plan خطّة التطبيق العالية المستوى

High-tech industry الصناعة التقنيّة

High technology التقنية العالية

High-value account relationships علاقات حساب القيمة العالية

Higher quality and lower price النوعيّة الأعلى والسعر الأوطأ

Highest quality products أحسن المنتجات الممتازة

Highly fluctuating متقلّبة جدّاً

Hire and purchase agreement إتّفاقية تأجير برسم البيع

Hire purchase - شراء بالتقسيط شراء إيجاريّ

Hire sale بيع إيجاريّ

Hiring يستخدم - يستأجر - يؤجّر

Histogram المدرج الإحصائيّ

Historical cost كلفة تاريخيّة - تكلفة تاريخيّة

Historical exchange rate سعر الصرف التاريخيّ للعملة الأجنبيّة

Historically valued assets التكلفة التاريخيّة للأصول - أصول مقدّرة القيمة تاريخيّاً

Hive إستأجر - إستئجار

Hoaxes يخدع

Holder in due course صاحب سند متداول

Holding companies شركات قابضة

Holding gains مكاسب الحيازة

Holding losses خسائر الحيازة

Holding period حصّة الفترة أو الفترة الزمنيّة لتواجد البضاعة

Holdings ممتلكات

Home consumption إستهلاك محلّيّ

Home equity - الأصل العقاريّ حقوق الملكيّة العقاريّة

Home equity loan قرض أصلّ عقاريّ

Home financing تمويل بيت - تمويل منزل

Home inspection معاينة المنزل

Homeowner's association جمعيّة ملاك العقار - جمعيّة أصحاب البيوت

Homeowner's insurance تأمين عقاريّ - تأمين على منزل

Hospitality حسن الضيافة

Hostile معاديّ

Hostile takeover السيطرة العدائيّة

House duty ضريبة المباني - ضريبة على العقارات المبنيّة

Household budget - موازنة العائلة موازنة المنزل

Household income دخل الأسرة

Housing إسكان - إعداد منازل

Housing starts تقرير بدايات المنازل

Human capital رأس المال البشريّ

Human relations العلاقات الإنسانيّة

Human-resource infrastructure البنية التحتيّة للموارد البشريّة

Human resource management إدارة مورد بشريّ

Hurdle rate نسبة مانع

Hush money رشوة للإسكات

Hyperinflationary economies الإقتصاديّات التضخّميّة جدّاً

Hypothecary loan قرض مضمون برهن

Hypothecated bonds سندات مضمونة برهن

Hypothesis الفرضيّة

Hypothesis testing إختبار الفرضيّة

- I -

Identifiable القابليّة للتمييز

Identification تعريف

Identification department مصلحة تحقيق الشخصيّة

Identified financial reporting framework إطار التقارير الماليّة المحدّد

Identifies يماثل - يطابق - يعين الهوية

Identity هويّة - تماثل - تطابق

Idle balances أرصدة عاطلة

Idle capital رأسمال عاطل

Idle time وقت الخمول - توقّف العمل

Illicit trade تجارة غير مشروعة

Imbalance عدم التوازن
Immature biological assets
الأصول الحيويّة الغير ناضجة
Imminent داهم - قريب الحدوث
Immovable ثابت
Impact أثر - ردّ فعل
Impact analysis تحليل الأثر
Impact assessment تقييم الأثر
Impaired assets أصول ضعيفة
Impairment هبوط - ضعف
Impairment of securities
إنخفاض في قيمة الأوراق الماليّة
Impairment of value ضعف القيمة
Impart يمنح - ينقل
Impersonal accounts الحسابات الغير شخصيّة
Implement أداة - آلة - وسيلة
Implementation تطبيق
Implementation phase طور التنفيذ
Implementation teams فريق التطبيق

Implementing تطبيق
Implications تضمين
Implicit ضمنيّ
Implicit in متضمّن في
Implicit interest rate lessor سعر الفائدة الضمنيّة المؤجّر
Implicit rate of interest سعر الفائدة الضمنيّ
Implied warranty الضمان الضمنيّ
Import إستيراد
Import bonus علاوة استيراد
Import duty ضريبة الوارد
Import license رخصة استيراد
Import premium علاوة استيراد
Import prices ex-oil أسعار الواردات مستثنى منها البترول
Importation الإستيراد
Importer مستورد
Impose a tax فرض ضريبة
Imposition فرض ضريبة
Impost رسم وارد

Impractical غير عمليّ

Improper غير لائق

Improve implementation تحسين عمليّة تنفيذ المبادرة

Improvement تحسين

Improvement loan قرض تحسينات

Imputed cost of capital التكلفة المصاحبة لرأس المال

Imputed value منسوبة إلى القيمة

In accordance with بموجب

In blank على بياض

In bond في مستودع الجمارك

In circulation متداول

In compromise with في المساومة مع

In conformity with طبقا ل - وفقا ل - تمشيّا مع

In excess of par value رأس المال المدفوع زيادة عن القيمة الإسميّة

In-house banks البنوك الخاصّة

In-kind and cash transfers في إنتقالات النقد والنوع

In-kind reimbursement التعويض العينيّ

In-kind subsidies الإعانات - الدعم العينيّ

In payment of في دفعة

In violation of في إنتهاك

Inaccuracies عدم صحّة أو دقّة

Inactive account حساب غير ناشط

Inadvertently بدون قصد

Incentive compensation التعويض المحفّز

Incentive scheme نظام الحوافز

Inception of the lease تاريخ نشأة الإيجار

Inclusivity of stakeholders اشتماليّة أصحاب المصلحة المباشرة

Income دخل - ايراد - راتب

Income account حساب الدخل

Income and expenditure الإيرادات والمصروفات

Income capitalization رسملة دخل
Income elasticity of demand مرونة الطلب بالنسبة للدخل
Income from bonds - deposits - stocks الدخل من السندات- الودائع - الأسهم
Income from shares عائد الأسهم
Income stocks أسهم الدخل
Income summary تلخيص الدخل
Income tax ضريبة الدخل
Income-taxes return إقرار ضريبة الإيراد
Incomes policy سياسة الأجور
Incompetence عجز
Inconsistencies تضاربات
Incorporated متّحد
Incorporates يدمج
Incorporation دمج - إندماج - ضمّ - إنضمام - شراكة - تأسيس
Increased exposures زيادة التعويضات

Increasing asset turnover زيادة العائد على الأصل الرأسماليّ
Increment زيادة - علاوة - فضل
Increment tax ضريبة التحسين
Increment value duty ضريبة على القيمة المضافة - ضريبة على الزيادة الرأسماليّة
Incremental تزايديّ
Incremental borrowing rate lessee سعر الفائدة على الاقتراض الإضافيّ للمستأجر
Incremental budgeting وضع ميزانيّة التزايديّ
Incremental rate of return معدّل العائد المتزايد
Indebtedness مديونيّة - مجموع مبالغ الدين
Indemnification agreement إتفاقيّة تعويض
Independence الإستقلال
Independent مستقلّ

Independent contractor المقاول المستقلّ

Independent variable المتغيّر المستقلّ

Index فهرس - دليل

Indexing factor معامل الفهرسة

Indicate مؤشّر - تدلّ على

Indicative of one point in time مؤشّر على النقطة الواحدة بمرور الوقت

Indicative planning التخطيط المبنيّ على مؤشّرات

Indicator المؤشّر

Indifference curve منحنى التساوي

Indifference point نقطة لامبالاة

Indirect approach النظرة الغير مباشرة

Indirect costs تكاليف غير مباشرة

Indirect materials مواد غير مباشرة

Indirect method الطريقة الغير مباشرة

Indirect method planning تخطيط الطريقة الغير مباشرة

Indirect quotation سعر الصرف بالأسلوب غير المباشر

Indirect shareholding الأسهم الغير مباشرة

Indirect ownership ملكيّة غير مباشرة

Indirect targeting إستهداف غير مباشر

Indirect tax ضريبة غير مباشرة

Indispensable لازم - لامفرّ منه - لا غنى عنه

Individual contribution مساهمة فرديّة

Individual income tax ضريبة على إيراد الأفراد

Individual lending إقراض فرديّ

Individual loan قرض فرديّ

Individual motivation الحافز الفرديّ

Individual retirement account

حساب التقاعد الفرديّ

Individual tasks المهام الفرديّة

Induced cost تكلفة مسبّبة

Inducement الحافز

Inductive accounting theory النظريّة المحاسبيّة الحثّية

Industrial صناعيّ

Industrial production معدّل الإنتاج الصناعيّ

Industrial property form شكل الملكيّة الصناعيّ

Industrial revenue bond سند الدخل الصناعيّ

Industrial work العمل الصناعيّ

Industrialization policy سياسة التصنيع

Industry analysis تحليل صناعة

Industry practice الممارسة الصناعيّة

Inelasticity عدم مرونة - جمود

Inflation التضخّم

Inflation accounting محاسبة التضخّم

Inflation premium علاوة التضخّم

Inflationary policy سياسة تضخميّة

Influence أثر - تأثير

Informal financial intermediary وسيط ماليّ غير رسميّ

Informal insurance scheme نظام تأمين غير رسميّ

Information era عصر المعلومات

Information gathering جمع المعلومات

Information management إدارة معلومات

Information policy سياسة المعلومات

Information processing ترحيل البيانات

Information risk الخطورة من أن المعلومات المستعملة لإتّخاذ القرارات غير دقيقة

Informational return العودة المعلوماتيّة	Initial franchise fee الريع الابتدائيّ للامتياز
Informed consent الموافقة المطّلعة	Initial public offering - الإكتتاب - العرض الأوّلي العام
Infrastructure البناء التحتيّ - البنية التحتيّة	Initialization التهيئة
Infusion of borrowed funds منح أموال مقترضة	Initialization and start-up التهيئة والبدء
Inhabited house duty ضريبة مساكن مأهولة	Initiate يبدأ
Inherent ملازم - متأصّل	Inland revenue دائرة الضرائب
Inherent risk الخطر المتأصّل	Innovation الإبداع
Inheritance duty ضريبة تركات - ضريبة على الإرث	Input method أسلوب المدخّلات في تحديد نسبة الإتمام
Inheritance tax ضريبة تركات	Inquiries سؤال - إستعلام - تحقيق
Initial إبتدائيّ	Insecurity عدم الأمان
Initial balance الأرصدة الإبتدائيّة	Insertion order طلب إدخال
Initial capital رأس مال ابتدائيّ	Insider trading تجارة يقوم بها مضارب من الداخل
Initial claims طلبات إعانة البطالة التي تقدّم لأوّل مرّة	Insidious ماكر - غادر
	Insolvency عسر ماليّ
Initial direct costs التكلفة المباشرة لعقد الإيجار	Insolvency risk خطر إفلاس
	Inspection تفتيش - مراجعة - فحص

Inspection certificate شهادة تفتيش

Inspection times أوقات تفتيش

Installation تركيب وتشغيل

Installment قسط - دفعة - تقسيط

Installment loan قرض مقسّط

Installment note كمبيالة تسدّد بالتقسيط

Installment purchase الشراء بالتقسيط

Installment sale البيع بالتقسيط

Instantaneous depreciation الإستهلاك الفوريّ

Institutional capacity القدرة المؤسّساتيّة

Institutional capacity building بناء قدرات المؤسّسة

Institutional loans received القروض المؤسّساتيّة المستلمة

Instrumentality الواسطة

Insulates يعزل - يفصل

Insurable interest مصلحة قابله للتأمين

Insurance تأمين

Insurance agents وكلاء تأمين

Insurance claim إدّعاء تأمين

Insurance company شركة التأمين

Insurance fund صندوق التأمين

Insurance policy سياسة تأمين - عقد التأمين

Insurance premium قسط التأمين

Insured مؤمّن

Insured interest مصلحة مؤمّن عليها

Intangible غير ملموس

Intangible asset أصل غير ملموس

Integral تكامليّ

Integral accounting المحاسبة المكمّلة

Integral periods تكامل الفترات

Integrated financial model النموذج الماليّ المتكامل

Integrated receivables حسابات

المبيعات المتكاملة

Integrated systems الأنظمة المتكاملة

Integration التكامل

Intellectual property الملكيّة العقليّة

Intelligence department مصلحة المخابرات أو الاستعلامات

Intelligence service مصلحة الإستعلامات

Intended مقصود - مراد

Intended for sale مقصود للبيع او محفوظ لغرض البيع

Intensive مركّز

Intent to sell النيّة للبيع

Interaction with major facets of audit تفاعل بالمظاهر الرئيسيّة من التدقيق

Intercept الإعتراض

Intercompany elimination إستبعاد العمليّات المتبادلة بين الشركات المندمجة

Intercompany liablities الإلتزامات المتبادلة بين الشركات المندمجة

Intercompany pricing التسعير الداخليّ لمنتجات الشركة

Intercompany transactions العمليّات المتبادلة بين الشركات المندمجة

Internal loan قرض داخليّ

Interest فائدة - مصلحة

Interest arrears فوائد متأخّرة

Interest at maturity الفائدة عند الإستحقاق

Interest-bearing account الحسابات التي تحقّق فائدة

Interest-bearing deposit وديعة تحقّق فائدة

Interest charged on declining balance إحتساب الفائدة على الرصيد المتناقص

Interest checking حساب جار بفائدة

Interest coverage ratio نسبة تغطية الفائدة

Interest due الفائدة المستحقّة

Interest earned الفائدة المكتسبة

Interest in overdue payments الفائدة على الدفعات المستحقّة

Interest loan فائدة على قرض

Interest on capital فائدة على رأس المال

Interest on drawings فوائد على المسحوبات

Interest paid فوائد مدفوعة

Interest rate أسعار الفائدة

Interest-rate differential الإختلاف في سعر الفائدة

Interest rate margin - هامش سعر نسبة الفائدة

Interest rate sensibility حسّاسيّة معدل الفائدة

Interest rebate خصم مكتسب على الفائدة

Interest receivable فائدة مستحقّة القبض

Interest received فائدة مقبوضة

Interest spread الفارق بين الفائدة المديّنة والدائنة

Interest unpaid الفائدة غير المدفوعة

Interested party - صاحب مصلحة صاحب شأن

Intergovernmental loan قرض بين حكومات

Interim فاصل مؤقّت

Interim audit التدقيق المؤقّت

Interim budget ميزانيّة مؤقّتة

Interim earnings المداخيل المؤقّتة

Interim financial reports التقارير الماليّة المرحليّة

Interim financial statement البيان الماليّ المؤقّت

Interim financing قرض مؤقّت

Interim periods الفترات المؤقّتة

Interim statement بيان مؤقّت

Interim treaty المعاهدة المؤقّتة

Intermediary وسيط

Intermediate goals أهداف متوسّطة الأجل

Intermediation cost كلفة وساطة

Internal accounting standards معايير المحاسبة الدوليّة

Internal audit المراجعة الداخليّة للحسابات

Internal auditing التدقيق الداخليّ

Internal auditor المدقّق الداخليّ

Internal control السيطرة الداخليّة

Internal control system نظام الرقابة الداخليّة

Internal failure costs تكاليف ظهور منتجات غير مطابقة للمواصفات قبل الشحن

Internal loan قرض داخليّ

Internal rate of return معدّل العائد الداخليّ النقديّ

Internal revenue ضريبة الدخل

Internal revenue service مكتب ضريبة الدخل الأمريكيّ

Internal revenues الإيرادات الداخليّة

Internal trade تجارة داخليّة

Internally generated مولّد داخلياً

International accounting standards committee لجنة معايير المحاسبة الدوليّة

International benchmark prices الأسعار المرجعيّة الدوليّة

International EITI (Extractive Industries Transparency Initiative) Secretariat السكرتاريّة الدوليّة لمبادرة الشفافيّة في مجال الصناعات الاستخراجيّة

International chamber of commerce غرفة تجاريّة دوليّة

International commerce تجارة دوليّة

International money order حوّالة بريديّة دوليّة

International organization for standardization المنظّمة الدوليّة

للمواصفات المعياريّة

International trade تجارة دوليّة

Interpretation of cash flow تفسير السيولة النقديّة

Interregional trade - تجارة إقليمية - تجارة إقليميّة دوليّة

Interrelationships العلاقات الداخليّة

Interruption - مقاطعة - تعطيل - إنقطاع - توقّف - إيقاف

Intervention تدخّل - توسّط - وساطة

Interview the incumbent if available قابل صاحب المنصب إذا كان موجوداً

Interview the supervisor or a group of coworkers قابل المشرف أو مجموعة زملاء العمل

Interviews المقابلات

Intimidating الإخافة

Intra-day بشكل يوميّ

Intra-regional trade تجارة بين الأقاليم

Intrinsic value القيمة الذاتيّة

Intruder دخيل متطفّل

Intrusion تطفّل

Intuitive knowledge المعرفة الحدسيّة

Inventoriable cost كلفة التخزين

Inventory المخزون - البضاعة

Inventory conversion ratio نسبة تحويل المخزون

Inventory levels مستويات المخزون

Inventory policy سياسة المخزون

Inventory shrinkage إنكماش المخزون

Inventory turnover العائد على المخزون

Inventory valuation تثمين المخزون

Investing activities الأنشطة الإستثماريّة

Investment إستثمار

Investment advisory fees تكاليف المستشار في الإستثمار

Investment budget موازنة الإستثمار

Investment certificate شهادة الإستثمار

Investment climate مناخ الإستثمار

Investment grant منحة إستثمار

Investment income rate معدّل الدخل من الإستثمار

Investment of surplus funds إستثمار الأموال الفائضة

Investment policies سياسة الإستثمار

Investment portfolio محفظة مستندات الإستثمار

Investment tax credit تخفيض الضريبة بسبب الإستثمار

Invite shareholders to subscribe to دعا حاملي الأسهم للإكتتاب

Invoice price سعر فاتورة

Irredeemable loan قرض غير ممكن تسديده

Irregularity المخالفة

Irrelevant غير ذو علاقة

Irrelevant cost الكلفة غير ذات علاقة

Irrevocable letter of credit كتاب الإعتماد غير القابل للإلغاء

Isolated معزول

Issuance الإصدار

Issuance date of the documents تأريخ إصدار الوثائق

Issuance expenses مصاريف إصدار

Issuance of debt إصدار الدين

Issue of shares إصدار الأسهم

Issue price سعر الأصدار

Issued capital رأس المال المصدّر

Issued stock الأسهم المصدّرة - الأسهم المحرّرة

Issues إصدارات الأسهم

Issuing house بيوت إصدار السندات أو الأسهم

It is worth noting من الجدير

ملاحظة Itemized balance sheet
ميزانيّة مفصّلة البنود
Itemized deductions الخصومات المفصّلة
Iteration التكرار

- J -

Jeopardy الخطر
Job عمل - وظيفة
Job analysis and job description methods طرق وصف الوظيفة وتحليل الوظيفة
Job application طلب وظيفة
Job cost sheet ورقة كلفة التشغيل
Job costing حساب تكاليف الشغل
Job description وصف الوظيفة
Job order cost كلفة طلب شغل
Job order cost system نظام تكلفة أمر العمل

Job rotation تدوير العمل
Job satisfaction رضاء العمل
Job specifications مواصفات شغل
Job vacancy surveys إستطلاعات وظيفة شاغرة
Joint account حساب مشترك
Joint expenses المصاريف المشتركة
Joint loan قرض مشترك
Joint stock company شركة مساهمة
Joint tax return بيان مشترك
Joint venture العمل المشترك
Journal سجل اليوميّة - دفتر يوميّة
Journal entry قيد يوميّة
Journal voucher سند قيد
Journalize تسجيل قيود يوميّة
Judicial decision making إتّخاذ القرارات القضائيّ
Judicial function وظيفة قضائيّة
Jumbo loan قرض ضخم جداً
Jumbo syndicated loan قرض

مصرفيّ ضخم

Jurisdiction السلطة القضائيّة

Juristic personality شخصيّة معنويّة

Just-in-case inventory فقط في حالة المخزون

Just in time حسب الحاجة - في الوقت المطلوب

Just in time costing system نظام التكاليف في الوقت المناسب

Just in time inventory جرد في الوقت المناسب

Just-in-time manufacturing التصنيع في الوقت المناسب

Justice العدالة

- K -

Keep books إدارة الفواتير والحسابات الجارية

Key industry صناعة رئيسيّة

Key interest rate معدّل الفائدة الأساسيّ

Key levels نقاط المقاومة

Key management personnel موظّفو الإدارة الرئيسيّين

Key performance indicator مؤشّر الأداء الرئيسيّ

Key terms الشروط الرئيسيّة

Kitting of parts تجهيز الأجزاء

Knowledgeable واسع الإطّلاع

- L -

Label بطاقة البضاعة - بيان الصنف - علامة

Labeling تسمية

Labour administration إدارة العمل - مصلحة العمل

Labour cost تكاليف الأيدي العاملة - تكاليف الأيدي العمّالة

Labour disputes خلاف عمّاليّ

Labour policy سياسة عمّاليّة

Labour rate and usage variance الفرق بين تكاليف الأيدي العاملة القياسيّة وتكاليف الأيدي العاملة الفعليّة

Labourer عامل

Lack of قلّة

Lag التأخّر

Lag time وقت تأخّر

Lagging عازل

Laissez-faire إطلاق الحريّة

Laissez faire economy سياسة عدم التدخّل في الإقتصاد

Land charges ضريبة عقاريّة

Land improvements تحسينات أرض

Land register مكتب عقاريّ

Land tax ضريبة عقاريّة - ضريبة الأراضي - ضريبة على الأراضي

Language allowance علاوة اللغة

Large-quantity production الإنتاج الكبير على نطاق واسع

Large scale retailers تجارة تجزئة على مستوى واسع

Last-in-first-out طريقة الوارد أخيرا صادر أوّلاً

Late fee on loans رسوم التأخير في السداد

Late payment دفعة متأخّرة

Late payment fee تكلفة التأخّر في الدفع

Law firms مؤسّسات قانونيّة

Law of demand قانون العرض والطلب

Lawful interest مصلحة شرعيّة

Lawful trade تجارة مشروعة

Layoffs حالات البطالة

Lead schedule الجدول الرئيسيّ

Lead time وقت الإنتظار

Leadership concepts and applications مفاهيم وتطبيقات القيادة

Leadership styles أساليب القيادة

Leading and directing القيادة

والتوجيه

Leading indicators المؤشّرات العامة - القائدة للإقتصاد

Lean الميلان

Lean implementation milestones checklist قائمة تدقيق معالم التطبيق الضعيفة

Lean manufacturing التصنيع الضعيف

Learning by doing process عمليّة تعلّم من خلال العمل

Lease-lend قرض إيجاريّ

Lease payment دفع الإيجار

Lease payment receivable مديّنو عقود الإيجار

Lease term فترة الإيجار

Leased asset أصل مستأجر

Leasehold العقار المستأجر

Leasehold amortization إطفاء الإستئجار

Leasehold improvements تحسينات المأجور

Leases عقود الإيجار

Leave إجازة

Leave holiday's vacation إجازة عطلة

Leave of absence إجازة - مأذونيّة

Ledger دفتر الأستاذ

Legacy duty ضريبة تركات - ضريبة ميراث

Legal قانونيّ

Legal account حساب قانونيّ

Legal books دفاتر قانونيّة

Legal charges مصروفات قضائيّة

Legal commerce تجارة مشروعة

Legal life العمر النظاميّ

Legal risk الخطر القانونيّ

Legality قانون

Legislation التشريع

Legislative process العمليّة التشريعيّة

Legitimacy theory نظريّة شرعيّة

Legitimate	شرعيّ
Legitimate discrepancies	التباينات المشروعة
Lend	يقرض
Lender	مقرض
Lending bank	مصرف تسليف
Lending into arrears policy	الإقراض بإتباع سياسة التأخيرات
Lending methodologies	منهجيّات الإقراض
Lends	تسليف - يعير
Lenient	متساهل
Less customer loyalty	قلّيّة ولاء الزبائن
Less than container load	أقلّ من حمل الحاوية
Lessee	المستأجر
Lessor	مؤجّر
Letter of authorization	رسالة التفويض
Letter of awareness	رسالة الوعي
Letter of credit, confirmed	رسالة الإعتماد، مؤكّدة
Letter of credit, irrevocable	رسالة الإعتماد، غير قابلة للنقض
Letter of guarantee	خطابات الضمان
Letters of credit	إعتمادات بنكيّة - إعتمادات مستنديّة - خطاب اعتماد
Letter's testamentary	أمر تنفيذ وصيّة
Level playing field	تحقيق المساواة في الفرص أمام الجميع
Leverage	الرفع الماليّ
Leverage ratio	نسبة الرافعة
Levy	فرض ضريبة - فرض غرامة
Levy a tax on	فرض ضريبة على
Liability	إلتزام - مسؤوليّة
Liability account	حساب المطلوبات
Liability management	إدارة مسؤوليّة
Liaison committees	لجان الإتّصال

Librarian أمين المكتبة

License fees رسوم الترخيص - رسوم الإمتياز

Licensee صاحب رخصة

Life annuity معاش على مدى الحياة

Life assurance التأمين على الحياة

Life of a loan مدّة قرض - عمر دين

Light taxation ضريبة طفيفة

Limitation of actions مدّة التقادم

Limitation of liability مسؤوليّة محدودة

Limited depository مصرف قبول ودائع محدودة

Line of credit حدّ الأئتمان - خطّ الإئتمان

Linear equation المعادلة الخطّيّة

Linear performance الأداء الخطّيّ

Liner regression نمط سلوك كلفة

Linked liabilities خصوم مربوطة

Liquid assets موجودات سائلة

Liquidation تصفية

Liquidation value قيمة التصفية

Liquidity سيولة

Liquidity adequacy ratio معدّل كفاية السيولة

Liquidity management إدارة السيولة

Liquidity position وضع السيولة

Liquidity ratio requirement نسبة السيولة المطلوبة

Liquidity requirements متطلّبات السيولة

Liquidity risk مخاطر السيولة

Liquidity shortage نقص السيولة

Liquidity squeeze ضغط السيولة

Liquidity threshold عتبة السيولة

List جدول - قائمة

List price قائمة الأسعار

Litigation تنازع

Loading شحن

Loan account حساب القروض

Loan against a promissory note

قرض بضمان سند إذني

Loan against pledge قرض بضمان رهن

Loan against pledged bill قرض بضمان كمبيالات

Loan against securities قرض على أوراق ماليّة

Loan agreement إتّفاقيّة قرض

Loan amortization إستهلاك قرض

Loan applicant مقدّم طلب قرض

Loan application طلب قرض

Loan application procedure إجراءات طلب القرض

Loan appraisal تقييم طلب القرض

Loan at call قرض تحت الطلب

Loan at interest قرض بفائدة

Loan at notice قرض بإخطار

Loan bank مصرف إقراض

Loan bond سند قرض

Loan ceiling سقف القرض

Loan charges رسوم القرض

Loan collateral ضمان القرض الرهن

Loan default عدم تسديد قرض

Loan disbursement صرف أو إصدار القرض

Loan guarantee ضمان القرض

Loan loss provision مخصّص فقدان القرض

Loan loss ratio نسبة فقدان - خسارة القرض

Loan maturing إستحقاق القرض

Loan officer productivity إنتاجيّة موظّف القروض

Loan on overdraft قرض مكشوف

Loan origination fee تكلفة إنشاء القرض

Loan outreach إنتشار الإقراض

Loan policy سياسة منح القروض

Loan portfolio محفظة القرض

Loan portfolio turnover دوران محفظة القرض

Loan pricing تسعير القرض	القرض
Loan proceeds حصيلة القرض	Loanee مقترض
Loan processing معالجة إجراءات القرض	Loaner مقرض
	Loans against credit balances قروض بضمان أرصدة دائنة
Loan recovery إسترداد القرض	
Loan repayable on demand قرض يسدّد عند الطلب	Loans outstanding قروض قائمة
	Lobbying سياسة الأروقة للتأثير على القرار
Loan repayment تسديد قرض	
Loan rescheduling ratio نسبة إعادة جدولة القروض	Local area network شبكة برمجة داخل المكتب الواحد
Loan servicing statement بيان خدمات القرض	Local assessment ضريبة محلّيّة
	Local check شيك محلّيّ
Loan settlement تسوية القرض	Local consumption أستهلاك محلّيّ
Loan term مدّة القرض	Local currency العملة المحلّيّة
Loan tracking system نظام متابعة القرض	Local leadership and participation القيادة والمشاركة المحلّيّة
Loan use إستخدام القرض	
Loan volume and value growth assumptions إفتراضات نمو عدد وقيمة القروض	Local tax ضريبة محلّيّة
	Lock in a rate يقفل في سعر ثابت
	Lock-up period الفترة المغلقة
Loan write-off نسبة شطب - إعدام	Lofty goals الأهداف العالية

Logic المنطق

Logistics التموين

Lombard loan قرض بضمان

Long bills كمبيالة بعيدة الإستحقاق

Long dated option علاوة بعيدة الإستحقاق

Long lease إجارة طويلة الأمد

Long-lived assets أصول طويلة الأجل

Long-range planning تخطيط بعيد المدى

Long run goals أهداف طويلة الأجل

Long-term assets أصول طويلة الأجل

Long-term borrowing الإقتراض الطويل المدى

Long-term capital appreciation الزيادة في قيمة رأس المال على المدى الطويل

Long-term construction contracts عقود الإنشاء طويلة الأجل

Long-term contracts عقود طويلة الأجل

Long-term investing إستثمار المدى البعيد

Long-term investment إستثمار طويل الأجل

Long-term liabilities خصوم طويلة الأجل - إلتزامات طويلة الأجل

Long-term loan قرض طويل الأجل

Longevity increase علاوة أقدميّة

Longevity pay علاوة أو جائزة أقدميّة

Loss خسارة

Loss contingencies حالات طوارئ خسارة

Loss of market share خسارة حصّة السوق

Lost travelers' checks شيكات سفر مفقودة

Low risks returns إيرادات منخفضة المخاطر

Lower-of-cost-or-market rule

قاعدة السوق أو التكلفة أيهما أقلّ

Lump sum دفعة واحدة - مبلغ إجماليّ

Lump sum purchase شراء بمبلغ معين أو صافي

Luxury tax ضريبة على الكماليّات

Luxury trade تجارة الترف - الكماليّات

- M -

Machinery الآلات والمعدّات

Macroeconomic analysis الإقتصاد التحليليّ الكلّيّ

Magnetic ink الحبر المغناطيسيّ

Magnitude المقدار

Mainframes الحاسبات الكبرى

Maintain records حافظ على السجلات

Maintenance صيانة - محافظة على

Maintenance and cleaning صيانة وتنظيف

Maintenance of accounts صيانة الحسابات

Maintenance of nominal capital المحافظة على رأس المال الإسميّ

Maintenance of real capital المحافظة على رأس المال الحقيقيّ

Major customers العملاء الرئيسيّون

Majority الأغلبيّة

Majority interest مصلحة الأكثريّة

Majority of shares غالبيّة الأسهم

Majority ownership ملكية أغلبيّة

Make-or-buy decision قرار شراء او بيع

Make-or-pay decisions قرارات التصنيع

Maker الصانع

Malicious خبيث - ماكر

Maliciously عدائيّ - بطريقة عدائيّة

Malpractice insurance تأمين سوء تصرّف

Managed trade تجارة موجّهة

Management accounting المحاسبة الإداريّة

Management assessment of internal controls تقييم إدارة الرقابة الداخليّة

Management auditor - مدقّق مراجع إداريّ

Management by exception الإدارة بالإستثناء

Management by objectives الإدارة بالأهداف - الإدارة بتحقيق الأهداف

Management chart جدول الإدارة

Management control رقابة إداريّة

Management fees تكاليف الإدارة

Management indicator مؤشّر إداريّ

Management information معلومات إداريّة

Management information system نظم معلومات إداريّة - نظام إدارة المعلومات

Management report تقرير إداريّ

Management representation letter رسالة تمثيل إداريّ

Management's discussion and analysis مناقشة وتحليل الإدارة

Manager retail trade مدير تجارة المفرد

Manager wholesale trade مدير تجارة الجملة

Managerial functions الوظائف الإداريّة

Managerial planning التخطيط الإداريّ

Managing director المدير العام

Mandatory إلزاميّ

Mandatory distributions التوزيعات الإلزاميّة

Mandatory pay cut إستقطاع الأجور الإلزاميّ

Mandatory transfers الإنتقالات الإلزاميّة

Manifest بيان حمولة السفينة - مانيفست

Manipulate تلاعب بـ - ناور فى السوق التجارية للتأثير على الأسعار

Manual on fiscal transparency دليل شفافيّة الماليّة العامّة

Manufacturing accounting محاسبة التصنيع - حساب التشغيل

Manufacturing costs تكاليف التصنيع

Manufacturing overhead مصاريف التصنيع الغير مباشرة

Manufacturing statement كشف حساب التصنيع

Margin هامش

Margin analysis تحليل الهامش

Margin of safety حدّ هامش الأمان

Margin of safety ratio هامش نسبة الأمان

Marginal analysis تحليل هامشيّ

Marginal cost التكلفة الحدّيّة

Marginal cost pricing تسعير التكلفة الهامشيّة

Marginal costing حساب التكلفة الحدّيّة

Marginal performer المؤدّي الهامشيّ

Marginal revenue الدخل الحدّي

Marine insurance التأمين البحريّ

Marine trade تجارة بحريّة

Maritime commerce تجارة بحريّة

Mark علامة

Market سوق

Market debt capital رأسمال الائتمان السوقيّ

Market friendly policy سياسة السوق الوديّة

Market interest rate معدّل فائدة السوق

Market intermediation وسيط

سوقيّ

Market led solutions for financial services حلول للخدمات الماليّة قائمة على حاجات السوق

Market-level activity مستوى نشاط السوق

Market penetration إختراق السوق - حصّة في السوق - التغلغل في السوق

Market-place السوق

Market price سعر السوق

Market production إنتاج السوق

Market related loan قرض متعلّق بالسوق

Market research دراسة السوق

Market segment شريحة من السوق

Market terms شروط/ محدّدات السوق

Market testing إختبارات السوق

Market value القيمة السوقيّة

Market value approach نظرة سعر سوق

Market value method طريقة القيمة السوقيّة

Marketable رائج - مطلوب - صالح للبيع

Marketable debt securities الأوراق الماليّة على شكل أسناد

Marketable equity securities الأوراق الماليّة على شكل أسهم

Marketable securities السندات الماليّة الرائجة

Marketing تسويق

Marketing budget ميزانيّة تسويقيّة

Marketing channel قنوات تسويق

Marketing policy سياسة التسويق

Marketing positioning الموضعة في السوق

Markup المبلغ المضاف فوق التكلفة لتحقيق ربح

Markups and markdowns نسبة الربح المضافة لتكلفة ونسبة تخفيض سعر البيع

Marshalling تنظيم

Mass production إنتاج آبير

Master budget - الميزانيّة الرئيسيّة موازنة شاملة

Master file ملفّ رئيسىّ - نسخة رئيسيّة

Matching concept مفهوم المقابلة

Matching output to customer demand الناتج المماثل إلى طلبات الزبائن

Matching principle - مبدأ المقابلة الإيرادات بالمصروفات

Matching problem المشكلة المماثلة

Material amount مبلغ كبير

Material misstatement أخطاء ماديّة

Material revenue الإيرادات الجوهريّة

Material weakness الضعف الماديّ

Materiality الأهميّة النسبيّة - الماديّة

Materiality concept مفهوم الأهميّة النسبيّة

Materiality level مستوى الأهميّة النسبيّة

Materiality principle مبدأ ماديّة

Materials requisition form نموذج طلب مواد

Mathematical analysis تحليل رياضيّ

Matrix المصفوفه

Matter مسألة - أمر

Maturity إستحقاق

Maturity date تاريخ الإستحقاق

Maturity mismatch إستحقاق غير متوائم

Maturity value of a note قيمة استحقاق السند

Maximization assumption إفتراض تعظيم شيء ما

Maximum likelihood الإمكانيّة القصوى

Meals and incidentals وجبات

وطوارئ

Meaningless خال من المعنى أو المغزى

Measurability القابليّة للقياس

Measurable target الغايات القابلة للقياس

Measurement basis أساس القياس

Measurement bias تحيّز القياس - إنحراف القياس

Measurement of profit or loss أساس قياس الأرباح أو الخسائر

Measurement unit وحدة القياس

Measures of central tendency إجراءات الميل المركزيّ

Measuring company efficiency قياس كفاءة الشركة

Media plan الخطّة الإعلاميّة

Media tycoon مالك شبكة اعلاميّة كبيرة

Mediator الوسيط - القائم بالوساطة

Medium rang planning تخطيط متوسّط المدى

Medium term الأجل المتوسّط

Medium-term loan قرض متوسّط الأجل

Membership عضويّة

Mentioned مذكور

Mercantile تجاريّ

Mercantile bank مصرف تجاريّ

Mercantile machinery معدّات تجاريّة

Mercantilist policy سياسة تجاريّة

Merchandising budget موازنة البضاعة

Merchandise inventory المخزون السلعيّ

Merchandise inventory turnover سرعة دوران البضاعة

Merchandising budget موازنة البضاعة

Merchant banks مصرف أعمال - مصرف تجارة دوليّة

Merger الإندماج

Mergers المندمجون

Merit جدارة - إستحقاق - أهليّة

Merit increase علاوة مقابل الجدارة

Messiness اللخبطة

Method of lending طريقة الإقراض

Methodical منهجيّ

Methodologies المنهجيّات

Methodology علم المنهج

Methodology view وجهة نظر علم منهج

Microbanking bulletin نشرة الأعمال المصرفيّة الأصغر

Micro-borrower المقترض الأصغر

Microcredit الإقراض الأصغر

Microeconomic analysis الإقتصاد التحليليّ الجزئيّ

Microentrepreneur صاحب مشروع صغير

Microfinance التمويل الأصغر

Microfinance institution مؤسّسة تمويل أصغر

Milestone المعلم

Minicomputer الحاسبة المتوسّطة

Minimum حدّ ادنى

Minimum capital requirements الحدّ الأدنى لمتطلّبات رأس المال

Minimum lease payments الحدّ الأدنى لدفعات الإيجار

Minimum monthly payment الدفع الأدنى الشهريّ

Minimum opening deposit مبلغ الوديعة الأدنى المطلوب لفتح حساب

Ministerial وزارى تنفيذى

Minor matters الأمور البسيطة

Minority interest حصّة الأقلية

Minute divisions الإنقسامات الدقيقة

Miscellaneous متنوّع

Miscellaneous expenses مصاريف متنوّعة

Miscellaneous income دخل متنوّع

- إيرادات متنوّعة

Misleading تضليل

Mismanage a business أساء إدارة عمليّة تجارة أو صناعة

Mismanage revenues سوء إدارة الإيرادات

Misrepresentation - بيان كاذب وصف شئ على غير حقيقة

Mission allowance بدل السفر في مهمّة علاوة بعثة

Mission statement بيان الرسالة

Mission-critical skills مهارات مهمّة الحرجة

Misstated يحرّف أو يشوّه الحقائق

Misunderstood مُساء فهمه

Mitigation تخفيف

Mitigating political and reputational risks تخفيف حدّة المخاطر السياسيّة والمتعلقّة بالسمعة

Mix of sales مزيج المبيعات

Mixed costs التكاليف المختلطة

Mixed income الدخل المختلط

Mobility allowance - علاوة نقل بدل اغتراب

Model نموذج

Modern management الإدارة الحديثة

Modified accelerated cost recovery تحسّن الكلفة المعجّل المعدّل

Modified cash basis قاعدة النقد المعدّلة

Modulate نظّم

Molds القوالب

Monetary نقديّة - نقد

Monetary base القاعدة النقديّة

Monetary capital رأس مال نقديّ

Monetary gold الذهب النقديّ

Monetary inflation تضخّم نقديّ

Monetary interest - فائدة نقديّة مصلحة نقديّة

Monetary items البنود النقديّة

Monetary method - Non

monetary method طريقة البنود النقديّة - طريقة البنود غير النقديّة
Monetary policy سياسيّة نقديّة
Monetary unit assumption فرض وحدة النقود للقياس
Money نقود - عملة
Money allowance علاوة أو إعانة نقديّة
Money changing صرف النقود
Money-guard حافظ المال - حارس المال
Money laundering غسل الأموال
Money market سوق العملة
Money measurement concept مفهوم مقياس مال
Money multiplier المضاعف النقديّ
Money rate سعر العملة
Money supply الإصدار النقديّ
Moneylender مقرض أموال
Monitor مراقب
Monitoring متابعة - مراقبة
Monitoring and evaluation الرصد والتقييم
Monitoring progress مراقبة التقدّم
Monocurrency loan قرض بعملة واحدة
Monopolist محتكر
Monopoly إحتكار
Monthly شهريّ
Monthly or quarterly average exchange rate متوسّط سعر الصرف الشهريّ أو ربع السنويّ
Monthly payment دفعة شهريّة
Monthly report تقرير شهريّ
Monthly reviews مراجعات شهريّة
Monthly statement بيان شهريّ
Moral hazard الخطر الأخلاقيّ
Mortality rate معدّل الوفيّات
Mortgage رهن - قرض عقاريّ
Mortgage bank مصرف رهونات
Mortgage claims ديون مضمونة برهون

Mortgage duty رسم رهن - ضريبة رهن

Mortgage financing تمويل عقاريّ

Mortgage guaranty insurance premium قسط تأمين ضمانة الرهن

Mortgage interest فائدة قروض السكن - القروض العقاريّة

Mortgage of commercial bill رهن الأوراق التجاريّة لضمان قرض

Mortgage of documents رهن بالمستندات

Mortgage of commercial bill رهن الأوراق التجاريّة لضمان قرض

Mortgagee المرتهن

Morgagee clause شرط (لمصلحة المرتهن

Mortgagor الراهن

Most likely value على الأغلب قيمة

Motivated يحثّ - يحرّض

Motivation concepts and applications مفاهيم وتطبيقات الحوافز

Motivation to learn الحافز للتعلّم

Motor vehicle tax ضريبة السيارة

Moving average المعدّل المتحرّك

Moving average price method طريقة السعر الوسطيّ المتحرّك

Moving exchange parity or exchange rate سعر صرف متحرّك

Multicasting تعدّد المهام والعمليّات

Multiemployer plans خطط عمّالية متعدّدة

Multilateral treaty المعاهدة المتعدّدة الأطراف

Multinational corporations الشركات متعدّدة الجنسيّة

Multiple costing حساب التكلفة المركّبة

Multiple-stage المرحلة المتعدّدة

Multiple-step-form of income statement قائمة الأرباح والخسائر متعدّدة الخطوات

Multiple-step income statement بيان الدخل متعدّد الخطوات

Multiple taxation تعدّد الضريبة - ضريبة متعدّدة

Multipurpose institution مؤسّسة متعدّدة الأغراض

Multiprocessing متعدّد المعالجة

Multitasking تعدّد المهام

Multithreading متعدّد التخييط

Municipal house rate ضريبة منازل البلديّة

Municipal loan قرض محليّات

Municipal obligations إلتزامات بلديّة

Municipal rate ضريبة البلديّة

Musical chairs الكراسي الموسيقيّة

Mutual funds الصناديق التعاونيّة - أموال مشتركة - أسهم ماليّة مشتركة

Mutual liability contract العقد الذي يرتّب إلتزامات متقابلة

Mutually exclusive متعارض

- N -

Narrative تعليق

National economy الإقتصاد القوميّ

National holiday إجازة - عطلة قوميّة

National income الدخل القوميّ

National loan قرض قوميّ - قرض وطنيّ

National output الناتج الوطنيّ

National production الإنتاج القوميّ

National Stakeholders Council المجلس الوطنيّ لأصحاب المصالح

Natural resources المصادر الطبيعيّة

Needs assessment and analysis تقييم وتحليل الحاجات

Negative income tax ضريبة دخل سالبة

Negative rate of interest معدّل فائدة سلبيّ - نسبة فائدة سلبيّ
Negotiable قابل للتحويل
Negotiable instruments أوراق تجاريّة قابلة للتحويل
Negotiate a loan تفاوض على قرض
Negotiating bank مصرف قائم بالتداول
Net صافي
Net assets صافي الأصول - الفرق بين مجموع الأصول ومجموع الإلتزامات
Net capital employed صافي رأس المال المستخدم
Net capital gain صافي الربح الرأسماليّ
Net capital loss صافي الخسائر الرأسماليّة
Net cash basis طريقة النقديّة الصافية
Net cash debit balance صافي الرصيد المديّن للنقديّة
Net cash flows صافي التدفّقات النقديّة
Net income صافي الدخل
Net income from operations صافي الدخل من العمليّات
Net interest صافي الفائدة
Net investment صافي الإستثمار
Net loss الخسارة الصافية - صافي الخسارة
Net method الطريقة الصافية
Net output صافي الإنتاج
Net pay صافي الأجر
Net portfolio value قيمة المحفظة الصافية
Net present value صافي القيمة الحاليّة
Net produce صافي الناتج
Net purchases صافي المشتريات
Net realizable value صافي القيمة البيعيّة القابلة للتحقّق - صافي القيميّة

التحصيليّة

Net sales صافي المبيعات

Net settlement system نظام الأقساط الدفعات الصافي

Net tangible assets صافي الأصول الماديّة الملموسه

Net weight صافي الوزن

Net working capital صافي رأس المال العامل

Net worth القيمة الصافية - حقوق المساهمين

Neutrality حياد

Next of kin أدنى الأقارب

Nominal حساب إسميّ - وهميّ

Nominal accounts الحسابات الإسميّة

Nominal capital رأسمال إسميّ

Nominal interest rate معدل الفائدة الإسميّ

Nominal value قيمة إسميّة

Non-acceptance عدم قبول - رفض

Non-bank financial institution مؤسّسة ماليّة غير بنكيّة - مؤسّسة ماليّة غير مصرفيّة

Non-budgeted expenses نفقات غير محسوبة في الموازنة

Non-business expenses المصروفات غير التجاريّة

Non-cancelable leases عقود الإيجار غير القابلة للإلغاء

Non-cash expense نفقات غير نقديّة

Non-conforming loan قرض غير معزّز

Non-controlling interest حصّة حقوق الملكيّة غير المسيطرة

Non-cumulative preferred stock أسهم ممتازة غير مجمّعة للأرباح

Non-current loan قرض غير عاديّ

Non-interest bearing note ورقة تجاريّة لا تحمل فائدة

Non-interest income دخل ليس عن طريق الفائدة

Non-interruptible غير قابل للمقاطعة

Non-monetary items بنود غير نقديّة

Non-negotiable غير قابل للتفاوض

Non-operating expenses المصاريف غير المتعلّقة بعمليّات التشغيل

Non-operating income الأرباح غير المتعلّقة بعمليّات التشغيل

Non-participating preferred stock الأسهم الممتازة المحدودة الأرباح

Non-payment عدم الدفع

Non-performing loan قرض غير عامل

Non-profit corporations شركات لا تستهدف الربح

Non-recourse loan قرض بدون حق الرجوع

Non-recurring غير رجوع

Non-resources غير مصادر

Non-screened غير معروض

Non-sufficient funds check أموال غير كافية لصرف الشيك

Non-tariff barriers الحواجز غير الجمركيّة

Non-taxable gross income الدخل الإجماليّ غير الخاضع للضريبة

Non-trade receivables حسابات مبيعات غير تجارة

Norm المعيار

Normal capacity الطاقة العاديّة

Normal income الدخل العاديّ

Normal operating cycle دورة التشغيل العاديّة

Normalization التطبيع

Normative performance الأداء المعياريّ

Note سند - ورقة نقديّة - إشعار

Note holder حامل السند

Notes payable أوراق الدفع

Notes receivable	أوراق قبض
Notice of claim	تبليغ بخسارة - إعلام بخسارة
Notice of termination	إخبار بفصل عن العمل
Notifying bank	مصرف قائم بالإخطار
Numerator	بسط الكسر
Nutrition policies	سياسة التغذية

- O -

Oath of office	يمين وظيفة
Obfuscation	التشويش
Objectivity	الموضوعيّة
Objectivity principle	مبدأ موضوعيّة
Obligation period	فترة الإلتزام أو التعهّد بالدفع
Obligations	الإلتزامات
Observable	جدير بالملاحظة
Observations	الملاحظات
Obsolescence	الزوال
Obsolete stock	بضاعة غير قابلة للإستهلاك
Obtain	حصل على
Occupancy	إشغال - إحتلال
Occupancy expenses	مصاريف إشغال العقارات
Occupancy tax	ضريبة على المساكن
Occupational license tax	ضريبة مزاولة المهنة
Occurrence	الحدوث
Ocean bill of lading	سند شحن محيط
Odd lot dealer	مضارب في كسور مجموعات الأسهم
Off-balance-sheet risk	خطر الصفحة الغير مستقرّ
Offer	عرض - عطاء
Office	مكتب - وظيفة
Office materials	مواد مكتبيّة

Office stationary قرطاسيّة مكتبيّة

Office supplies تجهيزات مكتبيّة

Official or fixed rate سعر الصرف الرسميّ أو الثابت للعملة الأجنبيّة

Offset account حساب تعديل

Offsetting الموازنة

Often-forgotten rules قواعد منسيّة في أغلب الأحيان

Omit يحذف - يسقط - يغفل - يهمل

On-call worker العامل تحت الطلب

On commission بالعمولة

On-costs تكلفة غير مباشرة

On sale للبيع

On-time repayment سداد في الوقت المحدد - دفعات على الوقت

On-time repayment rate معدّل السداد - التسديد على الوقت - التسديد في الموعد

One best way of management تطبيق نظام الأجور بالقطعة

One-on-one إتّصال بين اثنين

Ongoing business العمل المستمرّ

Ongoing savings توفير مستمرّ

Opaque governance نظام إدارة عامة غامض

Open an account يفتح حساباً

Open lending policy سياسة الاقتراض المفتوح

Open market سوق حرّ

Open market operations معاملات السوق المفتوحة

Open-market policy سياسة السوق المفتوحة

Opening account حساب التشغيل

Opening balance الرصيد الإفتتاحيّ - إفتتاح الرصيد

Opening capital رأسمال إفتتاحيّ

Opening cost نفقات التشغيل

Opening entries قيود إفتتاحيّة

Opening of credit فتح إعتماد

Operating accounts حسابات التشغيل

Operating activities الأنشطة التشغيليّة	Operational policy سياسة العمليّات
Operating budget موازنة تشغيليّة	Operating programs برمجيّات النظام
Operating cash flow تدفّق نقديّ تشغيليّ	Operating segment قطاع تشغيليّ
Operating cost كلفة تشغيليّة - تكلفة تشغيليّة	Operating subsidy دعم تشغيليّ
	Operating surplus فائض تشغيليّ
Operating costing تكاليف التشغيل	Operational audit مراجعة الإجراءات التشغيليّة لمنظّمة لتقييم الكفاءة والفعّاليّة
Operating cycle دورة عمليّات	
Operating deficit عجز تشغيليّ	Operational efficiency كفاءة - فعاليّة تشغيليّة
Operating department دائرة تشغيليّة - قسم العمليّات	
	Operational excellence براعة العمليّات
Operating expenses المصاريف التشغيليّة	Operational expenses نفقة العمليّة
Operating income ربح العمليّات - الربح التشغيليّ	Operational performance أداء العمليّات
Operating indicators مؤشّرات التشغيل	Operational planning التخطيط العملياتيّ
Operating lease إيجار التشغيل - عقود الإيجار التشغيليّ	Operational plans خطّة عملياتيّة
	Operational review مراجعة تشغيليّة
Operation عمليّة - تشغيل	

Operational self-sufficiency الإعتماد على الذات تشغيليّاً - الإكتفاء الذاتيّ التشغيليّ

Operational sustainability الإستدامة التشغيليّة

Operations officer موظّف عمليّات

Opportunism الإنتهازيّة

Opportunistic behavior السلوك الإنتهازيّ

Opportunity cost تكلفة الفرصة البديلة

Opposites النظراء

Optimal resource utilization الإستخدام الأمثل لموارد المنظّمة

Optimism التفاؤل

Optimization of تحقيق أمثليّة

Optimizing capital structure تحسّن تركيبة رأس المال

Option خيار - إختيار - قرار - علاوة - وعد بالبيع

Option money عربون علاوة

Order intake كمّيّة طلب

Organic عضويّ

Organization chart هيكل تنظيميّ

Organization cost تكاليف التأسيس

Organization period مرحلة الإنشاء

Organization structure التنظيم الإداريّ

Organizational structure هيكليّة تنظيميّة

Other-than-temporary impairment إنخفاض غير مؤقّت

Output method أسلوب المخرجات في تحديد نسبة الإنجاز

Output tax (Vat) رسم إنتاج - ضريبة القيمة المضافة

Outreach mechanism آليات تواصل

Outright dealings تعامل بلا علاوة - تعامل فوريّ

Outstanding balance مبلغ مستحقّ الدفع

Outstanding shares أسهم مستحقّة الدفع

Outward trade تجارة الصادر

Over-the-credit-limit fee تكلفة تجاوز حدّ التسليف

Over time وقت إضافيّ

Overage loan زيادة في قرض

Overcharge - نفقة زائدة - علاوة - علاوة على السعر

Overcome يتجاوز

Overdraft - سحب على المكشوف - سحب متجاوز - سحب متعدي

Overdraft of a bank account حساب مكشوف لدى مصرف

Overdrawing an account حساب مكشوف

Overdrawn check سحب شيك على حساب مكشوف

Overdue debt دين تجاوز تاريخ الإستحقاق

Overpay يدفع أكثر مما عليه

Overpayment of the tax ضريبة مسدّدة بالزيادة

Owner مالك - صاحب الشئ

Owners equity حقوق أصحاب المشروع

Ownership ملكيّة - تمليك

Ownership contract عقد تمليك

- P -

Paid in advance مدفوع مقدّماً

Paid in capital - رأس المال الإضافيّ - زيادة عن رأس المال

Paid up capital رأسمال مدفوع

Paid up shares أسهم مدفوعة

Paper loss خسارة صوريّة

Paper profit ربح صوريّ

Paradox of value التناقض الخاص بالقيمة

Parafiscality ضريبة مستقلّة

Parallel loan قرض مواز

Parent bank مصرف أمّ - مصرف مالك

Parent company الشركة الأمّ

Part time jobs وظيفة لجزء من الوقت

Participation loan قرض مشترك

Participating bank مصرف مشارك

Partner شريك

Partner in a bank شريك في مصرف

Partnership شركة تضامن

Partnership agreement إتّفاق الشراكة

Partnerships-income tax شركات الأشخاص - ضريبة الدخل

Party concerned طرف صاحب مصلحة - طرف مذكور

Passbook دفتر حساب العميل في البنك

Password كلمة السرّ

Past-due loan قرض مستحقّ - قرض متأخّر

Patent براءة اختراع

Pawn bank بنك رهونات - مصرف رهونات

Pawn loan قرض الرهن

Pay راتب

Pay as you earn (PAYE) tax الضرائب التي تدفع وقت اكتساب الدخل

Pay increase زيادة المرتّب - علاوة

Pay order إذن صرف

Pay sheet كشف المرتّبات

Pay stamp ختم الدفع - ختم الصرف

Payable مستحقّ الدفع

Paycheck شيك الراتب

Payee المدفوع له - المستفيد

Payer الدافع

Paying bank مصرف قائم بالدفع

Payment in full الدفع التام

Payment stub وصل الدفع

Payroll tax ضريبة الرواتب - ضريبة من واقع كشوف المرتّبات

Payroll withholding إقتطاع ضريبة

دخل الرواتب

Peer review مراجعة مدقّقين قانونيّين بشكل دوريّ لشركة تدقيق من حيث التزامها بنظام رقابة الكفاءة

Penalty غرامة

Penalty clause شرط جزائيّ - بند جزائيّ

Pending loan قرض معلّق

Pension تقاعد

Pension plan خطّة معاشات التقاعد

Percentage-of-completion نسبة مئويّة من إكمال

Percentage of completion method نسبة الإنجاز أو نسبة الإتمام

Percentage of completion principle مبدأ نسبة الإنجاز

Perception الفهم - التصوّر

Perception of conflict of interest الشعور بوجود تعارض في المصالح

Perfect interchangeability قابليّة التبادل المثاليّة

Performance الأداء

Performance chart جدول الأداء

Performance incentive scheme نظام الحوافز بحسب الأداء

Performance indicator مؤشّر الأداء

Performance of audit work أداء عمل التدقيق

Performance review إستعراض الحوافظ القطريّة - مراجعة الأداء

Performance standard معايير الأداء

Performing loan قرض عامل - قرض تنفيذيّ - قرض إنجازيّ

Performing the engagement يؤدّي الإرتباط

Periodic inventory system نظام المخزون الدوريّ

Periodical increment علاوة دوريّة

Periodically دوريّاً - فى فترات منتظمة

Periodicity assumption فرضيّة دوريّة

Peripheral device جهاز ملحق

Permanent دائم - مستمرّ - باقٍ

Permanent asset أصول ثابتة - موجودات - أصول ملموسة

Permanent income الدخل الدائم

Permanent investment إستثمار دائم

Permissible مسموح به

Permit يجيز - يرخّص - يسمح - رخصة - ترخيص - تصريح

Permit certification license إجازة رخصة شهادة

Perpetual دائم - ثابت - مستمرّ

Perpetual inventory جرد مستمرّ

Perpetual inventory system نظام المخزون المستمرّ

Personal account حساب شخصيّ

Personal digital assistants المساعدات الشخصيّة الرقميّة

Personal exemptions الإعفاءات الفرديّة

Personal guarantee ضمانة شخصيّة

Personal holding company شركات القابضة الشخصيّة

Personal identification number رقم التعريف الشخصيّ

Personal loan قرض شخصيّ

Personnel مجموعة الموظّفين في مصلحة عامة أو مصنع أو مؤسسة

Personnel expenses تكاليف الموظّفين

Personnel planning تخطيط الموارد البشريّة

Personnel time ratio نسبة وقت الموظّفين

Perspective منظور - نظرة - وجهة نظر

Persuasive مقنع

Pertain يخصّ - يتّصل بـ - يتعلّق بـ

Pertinent وثيق الصلة

Perquisite reduction تخفيض علاوة

Petty cash صندوق نثريّات

Phasing الإدخال

Physical asset أصل ماديّ

Physical controls الرقابة الطبيعيّة

Physical inventory الجرد الطبيعيّة - الجرد العينيّ

Physical linkage of الترابط الطبيعيّ

Physiological needs الحاجات الفسلجيّة

Piggyback loan قرض مشترك

Pilot phase الطور التجريبيّ

Pilot plants الوحدات الصناعيّة التجريبيّة

Place on the market طرح (الأسهم إلخ) في السّوق

Placing of loan إستثمار قرض

Planned saving الأدخار المخطّط له

Planning التخطيط

Plant مصنع

Plant assets أصول المصنع طويلة الأجل

Platform خطّة - برنامج

Play the market يتلاعب في السوق

Pledged assets الأصول المرهونة

Pledged loan قرض بضمان منقول - قرض بضمان أوراق ماليّة

Pledging التعهّد

Pledging accounts receivable تعهّد حساب الذمم المدينّة

Plurality التعدّد

Plus زائد - مضاف

Point of total assumption نقطة الفرضيّة الكليّة

Points-of-sale نقاط البيع - مقرّ البيع

Police proficiency pay علاوة الكفاءة للبوليس

Policy advice مشورة بشأن

السياسات

Policy-based lending إقراض يستند إلى السياسات

Policy costs تكاليف سياسة المشروع

Policy decision قرار سياسة - قرارّ توجيهي

Policy holder صاحب بوليصة التأمين

Policy number رقم البوليصة

Policy of economy سياسة الاقتصاد

Policy of encirclement سياسة التطويق

Policy of internationalization سياسة االتدويل

Policy of retrenchment سياسة خفض المصروفات - التقشّف

Policy of self-sufficiency سياسة الاكتفاء الذاتيّ

Political and financial commitments إلتزامات سياسيّة وماليّة

Political economy إقتصاد سياسيّ

Political risk الخطر السياسيّ

Poll-tax جزية - ضريبة الرأس على الأشخاص

Polled إقتراع - تصويت

Pollution التلوّث

Pollution rent ضريبة التلويث - غرامة التلويث

Pooling agreement إتفاقيّة تجميع

Pooling-of-interests method جمع طريقة المصالح

Popularity شعبيّة

Portfolio محفظة أوراق ماليّة - محفظة كمبيالات

Portfolio at risk المحفظة في خطر

Portfolio diversification تنويع محفظة القروض

Portfolio in arrears المحفظة المتأخّرة

Portfolio income دخل المحفظة

Portfolio loan قرض إستثماريّ -

قرض كجزء من محفظة ماليّة

Portfolio outstanding المحفظة القائمة

Portfolio quality نوعيّة المحفظة

Portfolio report تقرير المحفظة

Portfolio review مراجعة المحفظة

Portfolio risk مخاطرة المحفظة

Portfolio turnover دوران المحفظة

Portfolio yield - yield on (loan) portfolio عائد المحفظة - العائد على محفظة القروض

Portion of shares شريحة من الأسهم

Position account حساب مركز

Positioning statement عبارة التموضع

Positive accounting theory النظريّة المحاسبيّة الإيجابيّة

Positive/normative إيجابيّ - معياريّ

Positive rate of interest المعدّل الموجب للفائدة

Positive reinforcement التعزيز الإيجابيّ

Post an entry ترحيل قيد

Post-balance-sheet events الأحداث اللاحقة

Post-closing trial balance ميزان مراجعة ما بعد الإغلاق

Post date تاريخ مؤجّل - مؤرّخ في تاريخ لاحق

Post-dated check شيك يحمل تاريخا مقدّماً ليصرف لاحقاً

Postal charges مصاريف البريد

Postal savings bank بنك التوفير البريديّ

Posting الترحيل

Potential الإمكانيّة

Poverty level مستوى الفقر

Poverty reduction strategy paper وثيقة إستراتيجيّة تخفيض أعداد الفقراء

Pragmatic function وظيفة عمليّة

Pre-engagement stage مرحلة قبل التعاقد

Pre-operating cost تكاليف ما قبل التشغيل

Pre-tax income دخل قبل الضرائب

Prearranged يرتّب سلفاً أو مقدّماً

Precarious loan - وديعة عارضة قرض يسدّد عند الطلب

Precautionary وقائيّ

Precautionary savings توفيرات استباقيّة

Precautions حذر - وقاية

Precious loan قرض ذو قيمة

Precise مضبوط - دقيق

Precisely بالضبط

Precomputer قبل الحاسوب

Predecessor auditor مدقّق الشركة السابق الذي لا يدقّق حساباتها حاليّاً

Predetermined مقدّر سلفاً - مقرّر سلفاً

Prediction تنبّؤ

Predictive value القيمة التنبؤيّة

Preemptive right of stockholders حقّ الشفعة لمالكيّ الأسهم - حقّ تملّك الأسهم

Preface المقدّمة

Preferably بتفضيل - بإيثار

Preferences التفضيلات

Preferred rate سعر تفضيليّ أو امتيازيّ

Preferred stock الأسهم الممتازة

Preliminary annual إمتحان سنويّ

Preliminary savings توفيرات تمهيديّة - توفيرات أوّليّة

Prematured loan قرض غير مستحقّ بعد

Prematuring of maturity تسريع الإستحقاق

Premium علاوة إصدار - قسط التأمين - مكافأة - منحة

Premium on band علاوة على

Preprinted form نموذج مطبوع

Prescribed محدّد - مقرّر - منصوص عنه أو عليه - مفروض

Presence حضور - مثول - وجود

Present value القيمة الحاليّة

Present worth of a stream of future income القيمة الحاليّة للتدفّق من الدخل المستقبليّ

Present worth of an annuity factor القيمة الحاليّة للمعامل السنويّ

Presumed مفترض

Presumes يفترض

Presumptive taxation ضريبة جزافيّة

Prevalent مسيطر - سائد - منتشر

Prevent يمنع

Preventative وقائيّ

Prevention منع - إعاقة - وقاية

Prevention cost كلفة منع

Previous year السنة السابقة

Previously سابقاً - من قبل - قبلاً

السندات

Premium on bond علاوة على السند

Premium on exchange علاوة الصرف

Premium on gold علاوة الذهب

Premium on parity rate علاوة على سعر التعادل

Premium on shares علاوة إصدار

Premium on stock علاوة على السهم

Premium reserve إحتياطيّ علاوة إصدار

Prepaid expenses مصروفات مدفوعة مقدّماً

Prepaid finance charges تكاليف التمويل مدفوعة مقدّماً

Prepaid insurance تأمين مدفوع مقدّماً

Prepayment الدفع المقدّم - الدفع مقدّماً

Price and incomes policy سياسة الأسعار و الدخول

Price ceilings سقوف سعر

Price controls التحكّم بالأسعار

Price discrimination التمايز السعريّ

Price elasticity المرونة السعريّة

Price index رقم قياسيّ للأسعار

Price level accounting محاسبة مستوى السعر

Price level changes تغيّرات في المستوى العام للأسعار

Price policy سياسة الأسعار

Price targets الأسعار المطلوبة

Price-to-book ratio نسبة السعر للقيمة الدفتريّة

Price-to-sales ratio سعّر إلى نسبة المبيعات

Prices policy سياسة الأسعار

Pricing options تسعير الخيارات

Pricing risky securities تسعير السندات الماليّة الخطرة

Pricing structure هيكليّة التسعير

Primage علاوة إضافيّة تدفع لربّان وملاحي السفينة

Primary إبتدائيّ

Primary dealer التاجر الأساسيّ

Prime rate النسبة الأساسيّة - معدّل أوليّ

Prime rate of interest سعر الفائدة الأوليّ

Principal رأسمال أصليّ

Principal amount of loan مبلغ القرض الرئيسيّ

Principal and interest payment دفع المبلغ الرئيسيّ والفائدة المستحقّة

Principal budget factors العوامل الرئيسيّة للموازنة

Principal overdue أصل القرض المستحقّ

Printing company دار الطباعة - شركة الطباعة

Prior سابق - سالف

Prior-period adjustments تسويات سنوات سابقة

Prioritizes يحقّق أسبقيّة

Private development bank بنك إنماء خاص

Private property ملك خاص

Private sector development تنمية القطاع الخاص

Privatization الخصخصة

Privileged ذو إمتياز

Pro rata بالتناسب

Probabilities إحتمال - أرجحيّة

Probability الإحتمال

Probable محتمل

Problem loan قرض حلّ المشكلة

Procedural اجرائيّ

Procedures الإجراءات

Proceeds حصيلة المال

Proceeds from disposals of investments and other assets إيرادات من رمي الإستثمارات والأصول الأخرى

Proceeds of a note حصيلة السند

Process عمليّة

Process cost كلفة عمليّة

Process costing حساب تكاليف العمليّة

Process development وضع الإجراءات

Process mapping رسم مخطّط العمليّة

Processing fee أجرة دراسة ومعالجة

Processing-tax ضريبة محصّلة أثناء مراحل الإنتاج

Procurement of a loan تدبير قرض - حصول على قرض

Procurement planning تخطيط الإقتناء

Producers' surplus فائض المنتجين

Product منتج

Product attribute ranking تصنيف

خصوصيّة المنتج

Product cost كلفة الإنتاج

Product costing تحديد تكاليف الإنتاج

Product invoice فاتورة منتج

Product-level activity نشاط منتج المستوى

Product satisfaction survey كفاية المنتج لحاجات العملاء

Product viability نسبة نجاح المنتج

Production bonus علاوة إنتاج

Production budget موازنة الإنتاج

Production costs تكاليف الإنتاج

Production entitlement مستحقّات إنتاج

Production function دالّة الإنتاج

Production lines خطوط الإنتاج

Production policies سياسة الإنتاج

Production possibilities إمكانيّات الإنتاج

Production-sharing contract عقد

تقاسم الإنتاج

Production tax ضريبة إنتاج - رسم إنتاج

Productive الإنتاج

Productive life العمر الإنتاجيّ

Productivity معدّل الإنتاجيّة

Productivity indicator مؤشّر الإنتاجيّة

Productivity of the workers معدّل إنتاج العمّال

Productive activity الفعّاليّة المنتجة

Productive capacity القدرة الإنتاجيّة

Productivity policy سياسة الإنتاجيّة - السياسة المتعلّقة بالانتاجيّة

Profession مهنة

Professional auditing standards معايير مراجعة الحسابات المحترفة

Professional development التطوير المحترف

Professional ethics and

standards الأخلاق والمعايير المحترفة

Professional fee رسوم الشخص المتخصّص

Professional responsibility المسؤوليّة المحترفة

Professional tax ضريبة المهن

Proficiency براعة

Proficiency and due professional care البراعة والعناية المحترفة المستحقّة

Proficiency pay علاوة الكفاءة

Profit ربح

Profit after tax ربح بعد الضريبة

Profit and loss account حساب الأرباح والخسائر

Profit center مركز ربح - مركز ربحيّة

Profit centre accounting and budgeting المحاسبة والموازنة القائمة على أساس الربح

Profit margin هامش الربح

Profit margin on sales هامش ربح على المبيعات

Profit margin ratios نسب هامش ربح

Profit maximization تعظيم الربح

Profit sharing المشاركة في الربح

Profit-sharing plan خطّة مشاركة في الربح - خطّة المساهمة في الأرباح

Profit tax ضريبة الأرباح

Profitability الربحيّة

Profitability of the banks ربحيّة البنوك

Profitability ratio معدّل الربحيّة

Profitable مربّح

Profitable fee structure هيكل رسوم مربّح

Proforma balance sheet ميزانيّة صوريّة

Proforma financial statements البيانات الماليّة المفترضة - القوائم الماليّة المفترضة

Proforma invoice فاتورة أوّليّة

Program budget policy سياسة الميزانيّة البرمجيّة - سياسة ميزانيّة البرنامج

Progress payments دفعات تقدّم

Progress tax ضريبة تصاعديّة

Progressive tax - progressive taxation ضريبة تصاعديّة

Project concept document تصوّر وثيقة المشروع

Project implementation committee لجنة تنفيذ المشروع

Projections الإسقاطات - التوقّعات

Proliferation الإنتشار

Proliferation of databases إنتشار قواعد البيانات

Prominence الأهميّة

Promises for the future الوعود للمستقبل

Promissory notes أوراق قبض - كمبيالات

Pronouncements تصريحات

Proof برهان - دليل

Proof of cash برهان النقد

Proper مناسب - ملائم - قانونيّ

Property insurance policy بوليصة التأمين على الممتلكات

Properties خصائص

Property ممتلكات

Property tax ضريبة الأملاك - ضريبة على الثروة - ضريبة عقاريّة

Proportional نسبيّ

Proportional tax ضريبة نسبيّة

Proportionate متكافئ

Proportionate unit concept مفهوم الوحدة المتكافئ

Proposals إقتراحات

Proprietary ملكيّة

Prospective payment system نظام الدفع المتوقّع

Prospective reimbursement التعويض المتوقّع

Prospectus الدليل المنهج - نشرة الإكتتاب

Protected trade تجارة محميّة

Protective measures إجراءات وقائيّة

Protective tariff تعرفة للحماية الجمركيّة

Protocol بروتوكول - إتّفاقيّة

Prototypes النماذج الأوّليّة

Prototyping نموذجيّ

Provision إحتياطيّ خاص - مخصّص

Provision write-off شطب المخصّص

Provisioning policy سياسة وضع المخصّص

Provisions المخصّص - الشروط

Proxies التصويت بالوكالة

Proximo الشهر التالي

Proxy card بطاقة توكيل

Prudent use of natural resource wealth الإستخدام الحصيف لثروات الموارد الطبيعيّة

Prudential ratio المعدّل الاحتراسيّ

Prudential standard معايير الإحتراس

Public accountant محاسب قانونيّ

Public administration إدارة عامّة

Public agency مصلحة أو إدارة حكوميّة

Public development bank بنك تنمّويّ عامّ

Public dissemination and discussion التعميم على الجمهور والمناقشة

Public image of a company صورة عامّة لشركة

Public interest مصلحة عامّة

Public interest concerns إهتمامات ومخاوف تخدم المصلحة العامّة

Public liability insurance تأمين ضدّ المسؤوليّة المدنيّة تجاه الآخرين

Public loan قرض عامّ

Public records سجلات عموميّة

Public service مصلحة - إدارة عامّة

Publicly علناً

Publicly traded lenders البنوك المتداول أسهمها

Pull-and-push based strategy إستراتيجيّات تعتمد على العرض والطلب

Purchase الشراء

Purchase allowance مسموحات المشتريات

Purchase discount خصم الشراء

Purchase ledger سجل حساب المشتريات

Purchase money mortgage قرض مضمون برهن يستخدم في شراء ملكيّة أخرى

Purchase order طلب شراء

Purchase requisition طلب شراء

Purchase returns مرتجعات مشتريات

Purchase tax ضريبة مشتريات - ضريبة الشراء - ضريبة على المبيعات

Purchased goodwill الشهرة المشتراة

Purchased preacquisition earning دخل قبل الإستملاك المشترى

Purchaser مشتري

Purchases مشتريات

Purchases allowances مسموحات المشتريات

Purchases discounts تخفيضات مشتريات

Purchases returns مردودات المشتريات

Purchasing power قوّة شرائيّة

Pure cost الكلفة الصافية

Purpose clause شرط استخدام قرض - شرط القرض

Push money علاوة - مكافأة

Put into circulation طرح الأسهم إلخ في السوق

Put option حقّ البيع الآجل - شراء حقّ بيع الأسهم بسعر محدّد - حقّ البيع الإختياريّ

- Q -

Qualified market سوق مؤهلّة

Qualified opinion رأي مؤهّل

Qualifying assets الأصل المؤهّل

Qualitative نوعيّ

Qualitative analysis التحليل النوعيّ

Qualitative characteristics of accounting information الصفات النوعيّة للمعلومات المحاسبيّة

Quality نوع - صنف

Quality control طرق تتبعها شركات التدقيق للتأكّد أن الشركة تلتزم بمسؤليّاتها المهنيّة تجاه العملاء والآخرين

Qualitative credit control الرقابة النوعيّة على الإئتمان

Quantitative كمّيّ

Quantity كمّيّة

Quantity discount خصم كمّيّة

Quarterly compounding تسوية ربع سنويّة - تسوية ربع فصليّة

Quarterly profits الأرباح الربع سنويّة - الأرباح الربعيّة

Quarterly salary راتب ربع سنويّ

Quota كوته - حصّة - نسبيّة - نصيب

Quota-system نظام الحصص

Quote a loan حدّد سعر قرض

- R -

Rate سعر - معدّل قيمة

Rate card بطاقة الأجور

Rate of exchange سعر الصرف

Rateable مستحقّ عليه ضريبة - خاضع للضريبة - قابل للتقييم

Ration جراية - حصّة تموينيّة - تعيين راتب

Raw materials مواد خام

Readily determinable fair value قيمة عادلة يمكن تحديدها بشكل فوريّ

Readily marketable securities أوراق ماليّة قابلة للتداول الفوريّ

Real estate broker سمسار عقاريّ

Real estate business تجارة العقارات

Real estate land taxes ضريبة الاطيان العقاريّ

Real estate loan قرض بضمان رهن عقاريّ - قرض عقاريّ

Real estate mortgage رهن الملك العقاريّ

Real estate sales tax ضريبة مبيعات العقارات

Real estate taxes ضريبة عقاريّة

Realizable value القيمة القابلة للتحقّق

Realization التحقّق

Realization and liquidation account حساب التصفية - ميزانيّة التصفية

Realization principle مبدأ التحقّق

Realized holding gains and losses المكاسب والخسائر المحقّقة

Realized income الدخل المحقّق أو الربح المحقّق

Receipt إيصال - مخالصة - إستلام

Reception إستلام - وصول - إستقبال

Reconciliation مصالحة - تسوية - توفيق

Reconciliation of payments and revenues مطابقة المدفوعات والإيرادات

Reconciliation statement كشف تسوية

Reconstruction levy ضريبة لصالح إعادة الإعمار

Record سجل - دفتر قيد - بيان

Record date of dividend تاريخ استحقاق ربح الأسهم

Record-keeping حفظ السجلات
Recordation taxes تسجيل الضرائب
Recording fee أجرة التسجيل
Recording of deed of trust
تسجيل وثيقة بأمانة
Records بيانات - معلومات
Records of a bank سجلات مصرف
Recurring payments دفعات متكرّرة
Redeemable loan قرض قابل
للإستهلاك
Redeemable preference shares
الأسهم الممتازة القابلة للإسترداد
Redemption fees تكاليف الإسترداد
Redemption premium علاوة سداد
Rediscount rate سعر إعادة الخصم
Rediscountable credit قرض قابل
لإعادة الخصم - إئتمان قابل
Reducing taxes تخفيض من
الضرائب
Reduction تخفيض - تنزيل - تنقيص
Reduction of expenditure
تخفيض النفقات
Reexport trade تجارة دوليّة ثلاثيّة -
تجارة إعادة التصدير
Reference price السعر المرجعيّ
Refinanced loan قرض معاد تمويله
Refinancing إعادة تمويل - قرض
يعاد تمويله
Refund يستردّ - يردّ
Refundable tax ضريبة قابلة
للإسترداد
Refunding loan قرض تسديد
Regional employment premium
علاوة عمّالة إقليميّة
Regional policy سياسة إقليميّة
Registrar of companies مدير
مصلحة الشركات
Registration authority سلطة
تسجيل
Regular cycle of disclosure, dissemination and discussion
دورة منتظمة من الكشف عن المعلومات

ونشرها وتعميمها

Reimposition إعادة فرض ضريبة أو رسم

Reimposition of a tax إعادة فرض ضريبة

Reinstatement إعادة سريان بوليصة التأمين

Related party transactions العمليّات مع ذوى العلاقة

Relative increment علاوة نسبيّة

Release of a tax أعفى من ضريبة

Release of mortgage إشعار بفكّ الرهن

Relevance الملاءمة

Reliability إمكانيّة الاعتماد - الموثوقيّة

Reliable موثوق

Remission of a tax إعفاء من ضريبة

Remittance slip قسيمة التحويلّ المالي

Renewal premium علاوة تجديد

Rent دفعة إيجار

Rent allowance علاوة إيجار - إعانة إيجار

Rent insurance تأمين على الإيجار

Renter المستأجر

Repayment of loan إسترداد قرض

Repeat loan قرض مكرّر

Repeated call مكالمة متكرّرة

Replacement cost تكلفة الإحلال أو تكلفة الإستبدال

Report تقرير

Report on the observance of standards and codes تقرير مراعاة المعايير والقوانين

Reporting currency عملة التقرير أو العملة المحليّة للشركة الأم - عملة الإبلاغ

Reporting cycle دورة إبلاغات

Reporting entity جهة ترفع إبلاغات

Reporting template نماذج إبلاغ نمطيّة

Representation عرض
Representational faithfulness العرض الصادق
Representative مندوب
Repurchase يعيد الشراء
Request for a raise طلب علاوة
Required escrow balance رصيد السند المتعلّق التسليم المطلوب
Rescheduled loan - قرض مجدول قرض معاد جدولته
Rescindable transaction صفقة مفسوخة
Research بحث
Research company شركة أبحاث
Reserve إحتياط
Residence tax ضريبة المساكن
Residual value القيمة المبقاة
Resistance points نقاط المقاومة
Resource curse لعنة الموارد
Resource revenue management إدارة الإيرادات المتأتّية من الموارد

Resource-rich country بلد غنيّ بالموارد
Respect for contracts and laws إحترام العقود والقوانين
Responsibility accounting محاسبة المسؤوليّة
Restart the economy إنعاش الإقتصاد
Restructured loan - قرض مهيكل قرض معاد هيكلتة
Retail تجارة التجزئة
Retail and wholesale trade تجارة التجزئة وتجارة الجملة
Retail distribution - توزيع تجزئة تجارة تجزئة
Retail sales tax ضريبة على المبيعات بالتجزئة
Retail trade تجارة التجزئة
Retail trade buildings مباني تجارة التجزئة
Retail trading تجارة تجزئة

Retained earnings - الأرباح المجمّعة - الأرباح المحتجزة
Retained risk الخطر الذي تتحمّله شركة التأمين الأصليّة
Retiree متقاعد
Retirement of stock إسترداد الأسهم - سحب الأسهم من التداول
Retirement plan خطّة تقاعد - نظام تقاعد
Retiring allowance علاوة تقاعد
Retiring pension - معاش تقاعد - راتب تقاعد
Retrograde policy سياسة رجعيّة
Return on investment مردود الإستثمار
Returnable tax ضريبة قابلة للإسترداد - ضريبة واجبة الردّ
Returned check شيك مردود
Returns المردودات - الإيرادات
Revaluation إعادة التقدير
Revenue دخل - إيراد - ضريبة

Revenue authorities مصلحة الضرائب
Revenue collection and management تحصيل الإيرادات وإدارتها
Revenue estimates تقديرات الإيرادات
Revenue from franchises إيرادات ريع الإمتياز
Revenue realization تحقّق الإيراد
Revenue realization principle مبدأ تحقّق الإيراد
Revenue sharing deals إيرادات ناتجة عن صفقات تجاريّة لبيع الأسهم
Revenues إيرادات
Reversal policy سياسة معاكسة
Reversionary bonus علاوة رجعيّة بأثر رجعيّ
Review إستعراض
Revocable letter of credit كتاب إعتماد قابل للنقض

Revolving credit قرض - رصيد مكرّر

Right of survivorship حقّ الخلفة

Rights حقوق

Rights issue حقوق إصدار الأسهم

Risk مخاطرة

Risk premium علاوة مخاطرة

Risky investments إستثمارات محفوفة بمخاطر

Rollover تحويل - تنقيل

Routine or periodic alterations التغييرات الرتيبة المتكرّرة أو الفتريّة

Royalty arrangements ترتيبات الإتاوات

Run a business نشط تجارة

Run up إرتفاع

Rural property tax ضريبة الأملاك في القرى

Rural property tax ordinance قانون ضريبة الأملاك في القرى

- S -

Sacred interests فوائد غير جائز المساس بها - فوائد مضمونة

Safe deposit box صندوق حديديّ لحفظ الودائع

Safety deposit boxes تأجير الخزائن

Salaries policy سياسة الرواتب

Salary راتب

Salary differentials تفاضلات راتب

Salary raises زيادات راتب

Salary tax ضريبة على الأجور

Salary wage differentials فرق أجور راتب

Sale بيع

Sale able قابل للبيع - رائج

Sale and lease-back عقود البيع ثم الإستئجار - بيع الملك ثم إستئجاره مرة ثانية

Sale of shares- transfer of

shares التفرّغ عن الأسهم
Sale on credit البيع بالدين
Sale with right to return البيع مع حقّ ردّ السلع المبيعة
Sales مبيعات
Sales allowances مسموحات المبيعات
Sales discount خصم المبيعات
Sales journal يوميّة المبيعات
Sales ledger أستاذ المبيعات
Sales policy سياسة المبيعات
Sales returns مردودات المبيعات
Sales tax ضريبة على رقم المبيعات
Salesman بائع
Salvage value القيمة الباقية للأصل بعد نهاية عمره الإنتاجيّ - القيمة التخريديّة
Sample عينة - نموذج - مثال
Saving إدخار - توفير
Saving account حساب توفير
Scale ميزان - معدّل
Schedule جدول
Schedule tax ضريبة نوعيّة
Season loan قرض موسميّ
Seasonal adjustment تعديل موسميّ
Seasonable employment وظيفة موسميّة
Seasonal credit قرض المحصول - قرض موسميّ
Seasoned investor المستثمر المخضرم
Second-degree relatives أقارب من الدرجة الثانية
Second hand مستعمل - غير جديد
Second mortgage رهن ثاني
Secret police شرطة التحرّي
Secretary سكرتير
Section قسم
Sector leader رئيس قطاع
Sector loan قرض قطاعيّ
Sector manager مدير قطاع
Secured advances سلفيّات مضمونة - مقابل ضمانات

Secured credit إعتماد قرض مضمون

Secured creditor دائن مضمون

Secured debentures سندات مضمونة - سندات مكفولة

Secured loan قرض مضمون

Securities الأوراق الماليّة

Securities exchange بورصة الأوراق الماليّة

Securities tax ضريبة قيم منقولة

Security interest فائدة الورقة الماليّة

Seed support المساندة المبدئيّة

Segment قسم

Segmental reporting التقارير القطاعيّة

Self insurance التأمين الذاتيّ

Self-interest مصلحة شخصيّة

Seller بائع

Selling expenses - مصاريف البيع مصروفات البيع

Selling license إجازة بيع

Selling price سعر البيع

Senior loan قرض ممتاز

Senior vice president النائب الأول للرئيس

Seniority benefit علاوة أقدميّة

Seniority premium علاوة أقدميّة

Serial number رقم التسلسل - أرقام متسلسلة

Service خدمة

Service charge رسم خدمة - أجور الاصلاح

Service company شركة تقديم الخدمات

Service industry تجارة وخدمات

Set up الإنشاء

Settle an account سدّد حساباً

Settlement - تسديد - تسوية - دفع تصفية

Settlement charges رسوم التسوية

Settlement date تاريخ التحصيل أو التسديد

Settling in allowance علاوة

إستقرار

Settling up تسوية - تسديد الحساب

Severance package تعويض إنهاء الخدمة

Severance tax ضريبة نهاية الخدمة

Share سهم - يقاسم

Share capital أسهم رأس المال

Share holder مساهم

Share index مؤشّر لأسعار الأسهم

Share indices الأرقام القياسيّة لأسعار الأسهم

Share ledger سجل الأسهم

Share market سوق الأسهم

Share premium علاوة إصدار

Share premium account حساب علاوة الإصدار

Share register سجل الأسهم

Share split تجزئة الأسهم - تقسيم الأسهم

Share transfer تحويل الأسهم - نقل ملكيّة الأسهم

Shareholder - stockholder مساهم - حامل الأسهم

Shareholder value القيمة المضافة لحاملي الأسهم

Shareholders' equity حقوق المساهمين

Shareholders' voting and meetings إقتراع واجتماعات حملة الأسهم

Shares outstanding الأسهم القائمة

Shares-split تجزئة الأسهم

Shift differential علاوة المناوبة

Shift premium علاوة المناوبة

Shop دكّان - مخزن

Shop keeping تجارة - متاجرة

Shopping تسويق - إبتياع - شراء

Short bill of exchange كمبيالة قصيرة الأجل

Short-end of the market سوق الأسهم المضمونة قصيرة الأجل

Short loans قروض قصيرة الأجل

Short-term bank CD شهادة إيداع قصيرة المدى	Single currency loan قرض بعملة واحدة
Short-term consultant إستشاري لفترة قصيرة	Single premium علاوة وحيدة
Short-term contracts عقود إنشاءات قصيرة الأجل	Single stage tax ضريبة من مرحلة واحدة
Short-term loan قرض قصير الأجل	Single tax ضريبة وحيدة
Short-term rate سعر التأمين لمدّة قصيرة	Sinking fund - مخصّص للإستهلاك إحتياطيّ سداد قرض
Shortage نقص - عجز - قلّة	Sinking fund loan قرض معدّ للإستهلاك
Show معرض	Sister company شركة شقيقة
Shunting - مراجحة بطريق التحويل تجارة ثلاثيّة	Slack business تجارة راكدة - تجارة تعاني من الكساد
Sight bill of exchange كمبيالة تسدّد عند الاطلاع	Slack trade تجارة كاسدة
Sight credit إئتمان بالنظر	Small operators الشركات الصغيرة
Sign up التوقيع إيذاناً بالإشتراك	Small investors صغار المستثمرين
Signature توقيع - إمضاء	Small traders صغار المستثمرين
Significant influence تأثير فعّال	Social insurance التأمين الإجتماعيّ
Similar asset الأصل المماثل	Social security policy سياسة ضمان اجتماعيّ
Simple contract عقد عرفيّ	Soft currency loan قرض بعملة

ضعيفة

Soft loan قرض ميسّر

Source book كتاب مرجعيّ

Source tax ضريبة عند المنبع

Spare parts قطع الغيار

Spare parts value مجموع قيمة القطع

Special assessment ضريبة محلّية - ضريبة إضافيّة

Special tax ضريبة إستثنائيّة - ضريبة إضافيّة

Special topics of income tax موضوعات خاصة عن ضريبة الدخل

Special trade تجارة متخصّصة

Specialization التخصّص

Specific-unit-cost method طريقة الوحدات المميّزة

Specific tax ضريبة نوعيّة

Speculative stocks الأسهم المضاربة

Split shares جزّأ الأسهم - قسّم الأسهم

Split-up of stock تجزئة الأسهم

Splitting تجزئة الأسهم - فصل

Spot rate سعر الصرف أو التبادل الآتي

Stabilization loan قرض إستقرار - موازنة

Staff week عمل أسبوع

Staffing policy سياسة التوظّف

Stakeholder صاحب مصلحة

Stakeholder perception survey إستقصاء لتصوّرات أصحاب المصلحة

Stale check شيك متقادم

Stamp ختم

Stand at a premium ربح علاوة

Standard نموذج - نمط

Standard costs التكاليف المعياريّة

Standard operating procedure أسلوب التشغيل القياسيّ

Staple trade تجارة منتظمة

State-owned enterprise مؤسّسة مملوكة للدولة

State tax ضريبة ولائيّة

Statement كشف حساب - بيان

Statement closing date تاريخ قفل بيان الحساب

Statement issuance date تاريخ إصدار البيان

Statement of changes in owners' equity قائمة التغيّرات في حقوق الملكيّة

Statement of principles بيان المبادئ

Statements of Financial Accounting Standards (FASB) نشرات مجلس معايير المحاسبة الماليّة الأمريكيّ

Stay of collection وقف تحصيل ضريبة

Steering committee اللجنة التنسيقيّة

Stewardship of revenue streams إدارة شؤون تدفّقات الإيرادات

Stimulation إثارة - تنبيه - حفز

Stipend مرتّب - راتب - معاش

Stipulations شروط

Stock رأس مال الأسهم - بضاعة بالمخزن

Stock allotment تخصيص الأسهم أو السندات

Stock and commodity exchange أسواق الأسهم الماليّة

Stock authorization and issuance التصريح والإصدار لرأس مال الأسهم

Stock broker سمسار الأسهم

Stock certificate شهادة السهم

Stock dividends أرباح أسهم على شكل أسهم وليس نقداً - توزيعات في شكل أسهم - حصّة أرباح على شكل سهم

Stock exchange سوق الأسهم - البورصة

Stock exchange listing requirements شروط الإدراج في

سوق الأوراق الماليّة

Stock certificate شهادة الأسهم

Stock index مؤشّر الأسهم

Stock keeping حفظ السهم

Stock market أسواق الأسهم

Stock market manipulation تلاعب سوق الأسهم الماليّة

Stock option خيار الإكتتاب في الأسهم

Stock option plan خطة اختيار الأسهم - خطّة خيار الإكتتاب

Stock premiums علاوة إصدار رأس المال

Stock price advancement إرتفاع سعر السهم

Stock register سجل الأسهم

Stock sales بيع الأسهم

Stock sheets قوائم الجرد

Stock split تجزئة الأسهم

Stock trader مضارب

Stockbroker سمسار البورصة أو الأسهم الماليّة

Stockholders' tax ضريبة قيم منقولة على الأسهم

Stop-gap loan قرض مرحليّ - قرض لسدّ فجوة السيولة

Stop payment order أمر بوقف الدفع

Storage تخزين - أجرة التخزين

Store book دفتر المخزن

Store cost سعر التخزين

Straight bill of lading سند الشحن الاسميّ

Straight line depreciation الإستهلاك بالنسبة الثابتة

Strategic business analysis تحليل العمل الإستراتيجيّ

Strategic goal الهدف الإستراتيجيّ

Strategic systems audit مدخل تدقيقيّ يعتمد على فهم بيئة عمل العميل من حيث الإستراتيجيّة و العمليّات والعلاقات الخارجيّة

Strategic vision الرؤية الإستراتيجيّة

Strategy إستراتيجيّة

Streamline systems of execution تبسيط نظم التنفيذ

Strictly على نحو صارم

Strides الخطوات الواسعة

Stringent monetary policy سياسة نقد إنكماشيّة

Structural policies سياسة هيكليّة

Structure تركيب

Student organizations إتحادات طلابيّة - منظّمات طلابيّة

Sub-ledger دفتر الأستاذ الفرعيّ

Sub-loan قرض من الباطن - قرض فرعيّ

Sub-national levels of government المستويات الحكوميّة على صعيد المناطق في البلدان

Sub-optimal decision قرار أمثل ثانويّ

Sub-optimization of تحقيق أمثليّة الثانويّ

Subordinate ثانويّ - تابع - خاضع

Subordinated debt قرض من الغير

Subordinated loan قرض مرتبة تالية - قرض تابع

Subrogation حلول

Subscribed stock الأسهم المكتتب فيها - الأسهم المكتتبة

Subscription loan إشتراك في قرض

Subsequent لاحق - جزء من قطعة برنامج

Subsidiaries الشركات التابعة

Subsidiary المنشأة التابعة

Subsidiary books دفاتر مساعدة

Subsidiary company شركة تابعة

Subsidiary ledger سجل الحسابات التابع

Subsidiary tax ضريبة تبعيّة

Subsidized loan قرض مدعم

Subsidy dependence index مؤشّر الإعتماد على الدعم

Substantial ملحوظ - واضح

Subtotal مبلغ جزئيّ - مجموع فرعيّ

Subtract يخصم - يطرح

Subvention الإعانة الماليّة

Successors and assigns الورثاء المتنازل لهم

Sufficiency الكفاية

Suitably ملائماً

Sum مبلغ

Summarized financial statements بيانات ماليّة ملخّصة

Summary income statement ملخّص بيان - قائمة الدخل

Sumptuary tax ضريبة على السلع الترقيّة

Sundries متنوّعات - مذكورين - نثريّات

Sunk costs تكاليف الإغراق - تكاليف واقعة غير قابلة للتعديل

Super ordinate goals الأهداف المرتّبة الممتازة

Superannuation التقاعد

Superannuation benefit راتب تقاعديّ

Supercharged زائد الشحنة

Superhighway information طريق المعلومات السريع

Supervises يراقب - يناظر - يشرف على

Supervision الإشراف

Supervisor مشرف

Supplement ملحق - متمّم - علاوة

Supplementary charge ضريبة إضافيّة - ضريبة تكميليّة

Supplementary loan قرض تكميليّ

Supplementary taxation ضريبة إضافيّة

Supplier مورد

Supplier credit تمويل المورد - تمويل التاجر

Supplier of financial intermediation services مزوّد

Surety and fidelity insurance	تأمين الضمان ضدّ خيانة الأمانة
Surety bond	كفالة الضامن
Surplus	زيادة - فائض
Surplus profit	ربح فائض
Surplus shares	فائض الأسهم
Surrender	التنازل
Surtax	ضريبة إضافيّة
Surveillance	المراقبة
Survey	إستقصاء - مسح - دراسة نظرة عامّة
Survival	البقاء والإستمرار
Survivor	الخلف
Susceptibility	سرعة التأثّر - حسّاسيّة
Suspense account	حساب معلّق
Suspense file	ملفّ معلومات تتمّ معالجتها في أوقات معيّنة
Suspension	الأيقاف عن العمل
Suspensory loan	قرض لا يردّ - قرض على سبيل الهبة
Suspicious	مشبوه - مريب - مشكوك

	للخدمات الماليّة الوسيطة
Supplies	المستهلكة
Supplies description	بيان المواد المستهلكة
Supplies value	مجموع قيمة المواد المستهلكة
Supply	يورد
Supply chain management	إدارة سلسلة تجهيز
Support	حاجز الدعم
Supporting documents	الوثائق المساندة
Supposedly	بشكل إفتراضيّ
Suppressed	مقموع - مكبوت
Suppression	عدم طباعة
Suppressing market information	قمع معلومات السوق
Supreme audit institutions	مؤسّسات المراجعة والتدقيق العليا
Surcharge	رسم إضافيّ - ضريبة إضافيّة - سعر بالزيادة

فيه

Sustainability إستدامة

Sustainable مستدام - مستمرّ

Sustainable development التنمية المستدامة

Sustainable growth rate معدّل النمو المستمرّ

Sustainable financing of programs إستمرار تمويل البرامج

Sustaining دعم - صيانة

Swaps المقايضات

Sweep accounts حسابات تفتيش

Sweeping accounts الحسابات الشاملة

Swell الإنتفاخ

Swift code الرمز السريع

Switching policy سياسة التبديل

Swot analysis تحليل نقاط القوّة والضعف

Symbolic رمزيّ

Symmetric - متساوق - متناسق متماثل

Syndicate النقابة

Syndicate restrictions قيود على قرض مشترك

Syndicated loan قرض مشترك بين المصارف

Synthetic lease الإيجار الصناعيّ

Systematic errors تراكيمة

Systematically بانتظام

Systems evaluation and selection تقييم واختيار أنظمة

- T -

T-accounts حسابات دفتر الأستاذ

Tabulation تفريغ في جداول

Take action إتّخذ قرار

Taker for the call بائع علاوة

Taking for an option بيع علاوة

Tally trade تجارة البيع بالتقسيط

Talon tax ضريبة على كعوب الأسهم

Tandem options الخيارات المزدوجة

Target income الدخل المراد تحقيقه

Tariff تعرفة

Tariff book كتاب التعرفة الجمركيّة

Tariff policy سياسة التعريفة الجمركيّة

Task team leader فريق قائد العمل

Tax - taxation ضريبة

Tax accounting clerk كاتب حسابات ضرائب

Tax advisor مستشار الضرائب

Tax allocation ربط الضريبة

Tax allowances مخصّصات الضريبة

Tax audit مراجعة الحسابات من مصلحة الضرائب

Tax base أساس الضريبة

Tax-based incomes policy سياسة فرض الضريبة على الدخول

Tax bracket فئة الضرائب

Tax collection تحصيل ضريبة

Tax collector - tollman - محصّل مكّاس - ماكس

Tax-deductible investment إستثمار محسوم من الضرائب

Tax-deferred annuities معاش مؤجّل الضرائب

Tax-deferred income دخل مؤجّل الضرائب

Tax-deferred investments إستثمارات مؤجّلة الضرائب

Tax effort أنشطة ضريبيّة

Tax equity education تعليم عدالة ضريبيّة

Tax escrow ضريبة السند المعلّق التسليم

Tax evasion تهرّب من دفع الضريبة

Tax-exempt - duty-free معفى من الضريبة أو الرسم - غير خاضع للضريبة أو الرسم إلخ

Tax expenditures - نفقات الضريبة مستحقّات الضريبة

Tax export ضريبة على الصادرات

Tax-free investment إستثمار بدون ضرائب

Tax graduated according to income ضريبة متدرّجة على الدخل

Tax incentive حافز ضريبيّ

Tax income فرض ضريبة دخل

Tax levied ضريبة محصّلة

Tax liability الإلتزام الضريبيّ

Tax lien إمتياز ضريبة

Tax on a descending scale ضريبة تنازليّة

Tax on accretion of capital accruals ضريبة على الزيادات الرأسماليّة

Tax on ascending scale ضريبة تصاعديّة

Tax on buildings ضريبة على المباني

Tax on business profits ضريبة على الأرباح التجاريّة والصناعيّة

Tax on capital profits ضريبة على الأرباح الرأسماليّة

Tax on circulating capital ضريبة على رأس المال المتداول

Tax on commercial and industrial profit ضريبة على الأرباح التجاريّة والصناعيّة

Tax on commodities ضريبة على الاستهلاك

Tax on descending scale ضريبة تنازليّة

Tax on dividends ضريبة على الكوبونات - ضريبة على الأرباح الموزّعة

Tax on income ضريبة على الدخل

Tax on increment values ضريبة على القيم الزائدة

Tax on land and buildings ضريبة عقاريّة عل الأراضي والمباني

Tax on movable property ضريبة المساكن

Tax on net wealth ضريبة على صافي حقوق الملكيّة

Tax on non-commercial

occupations profits ضريبة على

أرباح المهن غير التجاريّة

Tax on property transfer ضريبة

على نقل الملكيّة

Tax on tax ضريبة إضافيّة بنسبة

الضريبة الأصليّة

Tax on turnover ضريبة على رقم

الأعمال

Tax on wealth ضريبة على الثروة

Tax policy سياسة ضريبيّة

Tax pressure الضغط الضريبيّ

Tax rate معدّل الضريبة

Tax return تصريح بالدخل المالي

Tax sale بيع ضريبة

Tax search فحص السجلات الرسميّة

Tax shelter ملتجأ ضد الضرائب -

حماية ضد الضرائب

Tax support دعم ضريبيّ

Tax system نظام ضريبيّ

Tax validation تثبيت صحّة ضريبة

Tax wedge إقحام ضريبة - تثبيت

ضريبة

Tax withholding تحصيل الضريبة

عند المنبع - ضريبة مدفوعة مقدماً

Taxation تكليف

Taxation by origin ضريبة عند

المنشأ

Taxation department مصلحة

الضرائب

Taxes on net wealth ضريبة على

صافي الأصول

Taxes on wealth ضريبة على الثروة

Taxpayer identification number

(TIN) رقم عينة دافع الضريبة

Teacher unions إتحادات المعلّمين

Teamwork فريق العمل

Technical analysis التحليل الفنّيّ

Technical assistance مساعدة فنّيّة

Technical feasibility الجدوى الفنّية

Techniques أساليب

Technology التقنيةّ

Tedious مضجر - مملّ

Telecommunications إتّصالات

Teller withdrawal السحب من الصرّاف

Teller's check شيك الصرّاف

Temporal method الطريقة الزمنيّة لترجمة القوائم الماليّة الأجنبيّة

Temporary accounts حساب مؤقّت

Temporary employment وظيفة مؤقّتة

Temporary investment إستثمار مؤقّت في الأوراق الماليّة

Temporizing policy سياسة التسويف

Tender loan قرض توريد

Term مصطلح

Term loan قرض فصليّ

Term of loan مدّة القرض

Terminal نهاية طرفيّة

Termination إنهاء خدمات

Terminology المصطلحات الفنّيّة

Terms of a loan شروط القرض

Terms of payment شروط الدفع

Terms of reference شروط المرجعيّة

Theory of constraints نظريّة القيود

Third party check شيك طرف ثالث

Threaten هدّد - أنذر بـ

Threats تهديد

Three column cash book دفتر صندوق ثلاثة أعمدة

Thrift institutions مؤسّسات توفير

Throughput agreement إتّفاقية طاقة إنتاجيّة

Thwart يعارض - يخذل - يحبط

Tie رباط - صلة - رابطة

Tied loan قرض مشروط - قرض مقيّد

Tight credit policy سياسة تضييق الإئتمان - سياسة الحدّ من الإئتمان

Time consuming مستغرق وقتاً طويلاً

Time deposit وديعة الإدخار - ودائع لأجل

Time deposit account حساب لأجل

Time loan قرض قصير الأجل

Time periodicity concept مفهوم الفترة المحاسبيّة

Time-series analysis تحليل زمنيّ

Time tested أختبرت عبر الوقت

Time to fill vacancies وقت لملئ المناصب الشاغرة

Timeliness التوقيت المناسب - التوقيت الجيّد

Tit-for-tat الواحدة بواحدة

Tithe law ordinance قانون ضريبة العشر

Tithes ضريبة العشر

Title حقّ ملكيّة

Title by descent حقّ ملكيّة ميراثيّ

Title by purchase حقّ ملكيّة عن طريق شراء

Title guarantee company شركة لضمان حقوق الملكيّة

Title insurance وثيقة التأمين

Token علامة - أمارة - رمز

Tollman - tax collector - مكّاس - ماكس

Tools أدوات

Top-down mandated budget من الأعلى للأسفل تطلّب ميزانيّة

Total number of shares مجموع عدد الأسهم

Total paid-in capital إجماليّ راس المال المدفوع

Total production value مجموع قيمة الإنتاج

Total revenue إجماليّ الإيراد

Total shares مجموع الأسهم

Total time الوقت الكلّي

Tracing التتبّع - متابعة

Trade discount خصم تجاريّ

Trade pay علاوة التخصّص

Trade unions إتحادات - نقابات العمل

Trade-in allowance علاوة الإستبدال

Trade policies سياسة تجاريّة

Trademarks العلامات التجاريّة

Tradeoff المبادلة

Trader مضارب

Trading المتاجرة - بيع وشراء

Trading account حساب المرابحة - حساب المتاجرة

Trading securities تجارة السندات الماليّة

Traditional تقليديّ

Training methods نظريّة التدريب

Transaction معاملة - عمليّة ماليّة

Transaction adjustments تسويات أو فروقات ترجمة القوائم الماليّة الأجنبيّة

Transaction date تاريخ إجراء الصفقة

Transaction entry قيد محاسبيّ

Transaction report تقرير العمليّات

Transaction time projections توقّعات زمنيّة للعمليّات الحسابيّة - إسقاطات زمنيّة للعمليّات الحسابيّة

Transactions ledger دفتر الأستاذ للمعاملات

Transit trade تجارة عابرة

Transfer ينقل - يحوّل - يتنازل

Transfer days مدّة محدّدة لنقل ملكيّة الأسهم

Transfer expenditures نفقات تحويليّة

Transfer of ownership تحويل الملكيّة

Transfer of shares نقل ملكيّة الأسهم

Transfer of title تحويل حقّ الملكيّة

Transfer price سعر النقل

Transfer pricing تسعير النقل

Transfer taxes ضريبة إنتقال

Transferable قابل للتحويل

Transferable letter of credit رسالة الإعتماد القابلة للتحويل

Transferred in cost حوّلت في الكلفة

Transfers among portfolios إنتقالات بين المحافظ

Transfers between categories of investments التحويلات بين مجموعات الإستثمار - إعادة تصنيف الأوراق الماليّة

Transfers of receivables with recourse إنتقالات حسابات المبيعات بالإستعانة

Transform تحوّل

Transformation التحويل

Transformation process عمليّة تحويل

Transit تجارة عابرة

Transit trade تجارة عابرة

Translated financial statements قوائم ماليّة مترجمة

Translation ترجمة

Translation gains مكاسب ترجمة القوائم الماليّة المعدّة بالعملة الأجنبيّة

Translation losses خسائر ترجمة القوائم الماليّة المعدّة بالعملة الأجنبيّة

Transmission line خطّ الإرسال

Transparency الشفافيّة

Transparency compact ميثاق الشفافيّة

Transport نقل

Transport fuel tax ضريبة وقود وسائط النقل

Transportation - المواصلات النقليّات

Transportation charges أجور المواصلات

Travel accident insurance التأمين ضد حوادث السفر

Travel advances سلف للسفر - عهد للسفر

Travel allowance علاوة سفر

Travel and transportation expenses نفقات السفر والمواصلات

Treasury خزانة عامّة - ماليّة - وزارة الخزانة - بيت المال

Treasury bills أذون الخزينة - سند على الخزينة

Treasury budget موازنة الخزانة

Treasury stock الأسهم المستردّة - الأسهم المعاد شراؤها

Treaty of commerce إتّفاقية تجارة - إتّفاقية تجاريّة

Trend analysis تحليل المنحى

Trend lines الإتجاهات

Trial balance ميزان المراجعة

Triangular trade تجارة ثلاثيّة

Trimming التشذيب

Troubled debt restructure إعادة هيكلة الدين أو جدولة الدين

True copy نسخة - صورة طبق الأصل

Trust fund صندوق إستئمانيّ

Trust receipt وصل أمانه

Trustworthy معتمد - جدير بالثقة

Truth-in-lending law قانون حقائق وشروط التسليف

Truth-in-lending statement بيان حقائق وشروط التسليف

Tuition tax credits حسومات ضريبة التعليم

Turned in cash التحويل إلى نقد

Turnover and retention الأيرادات ومحجزز الضمان

Turnover tax ضريبة على رقم الأعمال - ضريبة على المبيعات

Tweaking the existing operating model لفّ نموذج التشغيل الحاليّ

Two caveats تحذير

Two primary resources مصدران أساسيّان

Typically نموذجيّاً

- U -

Unaccounted غير محسوب

Unadjusted trial balance ميزان مراجعة غير معدّل

Unamortized premium علاوة غير مستهلكة
Unanimity الإجماع
Unauthorized charge تكلفة غير مسموح بها
Uncalled capital رأس المال غير المستدعى
Uncertainties الحيرة
Uncertainty عدم التأكّد
Unclaimed لم يطلب
Uncollectible غير قابل للتحصيل
Unconditional purchase obligation إلتزام الشراء الغير مشروط
Unconfirmed losses الخسائر غير المحقّقة
Unconfirmed profits الأرباح غير المحقّقة
Under utilization of تحت إستخدام
Undercapitalized رأس مال غير كافي
Understandability قابليّة الفهم
Undertake يتولّى - يأخذ على عاتقه
Undertaking التعهّد
Underwrite the shares in public طرح الأسهم في اكتتاب عام
Underwriter وكيل
Underwriting costs تكاليف الإكتتاب - طرح الأسهم للإكتتاب العام
Underwriting fee تكلفة التأمين
Underwriting syndicate إتحاد ضمان الإكتتاب - إتحاد ترويج الأسهم
Undetected for so long غير مكتشف لمدّة طويلة
Undistributed profit tax ضريبة على الأرباح غير الموزّعة
Undue political influence نفوذ سياسيّ غير لازم
Unearned income دخل غير مكتسب
Unearned interest revenue إيرادات الفائدة غير المكتسبة

Unearned revenue إيراد غير مكتسب
Unemployment بطالة
Unemployment compensation tax ضريبة تعويض البطالة
Unemployment insurance التأمين ضدّ البطالة
Unemployment rate معدّل البطالة
Unending لا ينتهي
Unguaranteed residual value القيمة المبقاة غير المضمونة
Uniform منتظم - متّسق - متماثل - زيّ موحّد
Unifying principle المبدأ التوحيديّ
Unintended consequences النتائج الغير مقصودة
Unions إتحادات - نقابات
Unique marketing proposition عرض بيع فريد
Unit وحدة
Unit cost تكلفة الوحدة

Unit-level activity نشاط وحدة المستوى
Unit of measure وحدة العملة التي تقاس بها مفردات القوائم الماليّة
Unit of accounting وحدة الحساب
Unit rate سعر الوحدة
Units of output depreciation وحدات تلف الناتج
Units-of-production وحدات الإنتاج
Units of production depreciation إستهلاك وحدات انتاج
Units produced per employee وحدات أنتجت لكلّ مستخدم
Unpaid غير مدفوع - غير مسدّد
Unpaid leave إجازة دون راتب
Unqualified opinion رأي غير متحفّظ
Unrealized gain ربح غير متحقّق
Unrealized holding gains and loss المكاسب والخسائر غير المحقّقة

Unrealized intercompany profit أرباح غير مدركة داخل الشركة

Unrealized loss خسارة غير متحقّقة

Unrealized profit ربح غير متحقّق

Unrecovered loan قرض غيرّ مسترد

Unregistered security الأمن الغير مسجّل

Unrestricted funds أموال غير مقيّدة - أموال غير مشروطة

Unsecured debt دين غير آمن

Unsecured loan قرض على المكشوف - قرض بدون ضمان

Up-front fee رسم مقدّم - رسم مدفوع مقدّماً

Up-front interest payment دفعة فائدة مقدّمة

Up-front savings توفيرات مقدّمة - إدخار مقدمّة

Upkeep ratio نسبة الصيانة

Upstream activities أنشطة إنتاجيّة

Urban property tax ordinance قانون ضريبة الأملاك في المدن

Use of information إستعمال المعلومات

Useful life عمر الإستخدام للآلات

User name إسم المستخدم

Usurious loan قرض ربويّ

Usurping مغتصب سلطة أو عرشة

Usury law قانون الفائدة

Utilities expenses مصروفات المناف الخدميّة مثل الماء و الكهرباء إلخ

Utilization الإستخدام

Utopias اليوطوبيا

- V -

Vacancy وظيفة شاغرة - منصب خال - وظيفة خالية

Vacancy notice إعلان عن وظيفة شاغرة - إعلان توظيف

Vacation leave with pay إجازة

مدفوعة

Valence تكافؤ

Valid شرعيّ - قانونيّ - ساري المفعول - صالح للإستعمال

Validation التصديق

Validity الصلاحيّة

Validity check إختبار الصلاحيّة

Valuable قيم - ثمين - نفيس

Valuation تثمين - تقويم

Value قيمة - إستحقاق

Value added costs التكاليف التي تضيف قيمة فعليّة للمنتج

Value added tax (VAT) ضريبة على القيمة المضافة

Value added tax amount مقدار ضريبة القيمة المضافة

Value added tax at year end ضريبة القيمة المضافة فى نهاية العام

Value added tax in the cash flow أثر ضريبة القيمة المضافة على التدفّق النقديّ

Value added tax system نظام ضريبة القيمة المضافة

Value chain سلسلة القيمة

Value of right قيمه الحقوق

Valued policy بوليصة تأمين محدّدة القيمة

Valuing of in-kind benefit streams تحديد قيمة تدفّقات المنافع العينيّة

Variability التغيّر

Variable المتغيّر

Variable cost التكلفة المتغيّرة

Variable cost ratio نسبة التكاليف المتغيّرة

Variable costs التكاليف المتغيّرة

Variable operating cost تكاليف تشغيليّة متغيّرة

Variable sampling أخذ العينات المتغيّر

Variance - variances إنحرافات - اختلاف - متغيّرات- - إنحراف -

تفاوت - فرق - خلاف - نزاع

Variance analysis تكاليف تشغيليّة متغيّرة

Vehicle logbook سجل المركبات

Vehicle operating costs التكاليف التشغيليّة للمركبات

Vendor بائع

Venture capital رأس مال مضارب

Venture capitalists رأسماليو مغامرة

Verbal warning تحذير شفويّ

Verifiability قابليّة التحقّق والصحّة

Verification التحقّق

Verifies يؤكّد صحة شيء - يثبت - يتحقّق من

Vertical equity العدالة الرأسيّة

Vested interest مصلحة مكتسبة - منفعة مقرّرة

Vestibule الدهليز

Viability نسبة نجاح

Village bank بنك القرية

Village banking نظام بنك القرية

Violating الإنتهاك

Visibility الرؤية

Visual control السيطرة البصريّة

Void لاغ - باطل

Volatility عدم الثبات

Volume growth حجم التداول

Volume of output حجم الناتج

Voluntary deposit وديعة طوعيّة

Voluntary savings توفير طوعيّ - إدخار طوعيّ

Votes right حقّ أصوات

Voting التصويت

Voting stock أسهم لها الحقّ في التصويت

Voucher وصل - سند - إيصال - مستند - ضامن - كفيل

Vouching مراجعة مستنديّة

Vulnerable قابل للجرح أو الإنجراح او العطب - سريع التأثّر بالنقد - معرّض للهجوم

- W -

Wage راتب

Wage bill وصل الأجر

Wage costs تكلفة العمّالة

Wage policy سياسة الأجور

Wage tax ضريبة على الأجور

Waiver تنازل اختياريّ

War bonus علاوة حرب

War tax ضريبة الحرب

Warehouse مخزن - مستودع

Warehousing تخزين

Warrant كفالة - رخصة ماليّة - أمر - تصريح - ضمانة - إذن تسليم - خيار شراء الأسهم

Warrant issue حقّ الخيار فى الإكتتاب في قرض عام

Warranty ورقة الضمان

Warranty liability مسؤوليّة ضمان

Waste management policy سياسة إستغلال الفضلات

Wasting asset الأصول المبدّدة

Waybill قائمة الشحن البرّيّ

Wealth ثروة - مال - غنى

Wealth ranking تصنيف الثروة - تصنيف الفئة الإقتصاديّة

Wealth tax ضريبة الثروة

Weekly compounding تسوية أسبوعيّة

Weekly payment دفعة أسبوعيّة

Weighed يزن

Weighted average (WA) متوسّط حسابيّ مرجّح - متوسّط حسابي موزون - متوسط حسابيّ مثقّل

Weighted-average computation حساب معدّل مرجّح

Weighted average cost of capital متوسّط التكلفة المرجّح لرأس المال

Weighted-average inventory method طريقة جرد معدّل مرجّح

Weighted average method طريقة

المتوسّط المرجّح

Welfare policy سياسة الرفاهيّة

Well-defined policy سياسة واضحة المعالم

Western share حصّة الجهات الغربيّة

Wharage رسوم الرصيف

Wholesale and retail تجارة جملة وتجزئة

Wholesale distribution توزيع بالجملة - تجارة جملة

Wholesale price سعر الجملة

Wholesale price index الرقم القياسيّ لأسعار الجملة

Wholesale trade تجارة الجملة

Wholly owned subsidiary منشأة تابعة مملوكة بالكامل

Window tax ضريبة النوافذ

Withdrawal إنسحاب

Withholding tax حجز ضريبة عند المنبع - ضريبة مدفوعة مقدّماً

Without delay بدون تأخير

Work cost تكلفة الصنع

Work elements عناصر عمل

Work flow تدفّق العمل

Work in process عمل تحت التنفيذ

Work-in-process inventory البضاعة تحت التشغيل

Work in progress عمل تحت التشغيل

Work order أمر التشغيل

Work program agreement برنامج إتّفاقيّة العمل

Workers' compensation cost per employee تكلفة تعويض العمّال لكل عامل

Workers' compensation insurance تأمين تعويض عمّال

Workforce planning and employment تخطيط وتوظيف قوّة عاملة

Working capital رأسمال عامل

Working capital loan قرض لرأس

المال العامل

Working capital ratio نسبة رأس المال العامل

Working capital turnover مبيعات رأس مال عامل

Working group فريق عمل

Working in process inventory مخزون بضائع تحت التصنيع

Working life العمر الإنتاجيّ

Working papers أوراق العمل

Working table جدول العمل

Workmen's compensation insurance التأمين على تعويض إصابات العمل

Workplace privacy سرّية موقع العمل

Worksheet ورقة عمل

World bank المصرف العالميّ

World-class quality standards معايير النوعيّة العالميّة

Worthwhile ذو شأن جدير بالإهتمام

Write-down القيمة المخفّضة

Write-off أشطب

Writeoffs حذف قيمة الموجودات - خفض قيمة الموجودات

Written-off loan قرض معدوم - قرض مشطوب

- Y -

Year-end accounts حسابات نهاية السنة

Year-to-date reports تقارير سنة حتى تاريخه - تقارير سنة حتى الأن

Yearly account الحساب السنويّ

Yearly income إيراد سنويّ

Yearly expense مصروف سنويّ

Yearly purchases المشتريات السنويّة

Yearly sales المبيعات السنويّة

Yield of shares عائد الأسهم

Yield of taxes العائد من الضرائب

Yield tax ضريبة الغلّة

Yield to maturity   المردود على الإستحقاق

- Z -

Zero balance account   ميزان الحساب مصفر
Zero based budgeting (ZBB)   الموازنة على أساس التعادل
Zero-coupon mortgage   قرض عقاريّ بلا فوائد يسدّد أصله بالكامل بتاريخ الإستحقاق
Zero growth   عدم تقدّم - ركود

النموّ الصفريّ
Zero lower bound - zero bound   حدّ أدنى أقرب إلى الصفر - الحدّ الصفري
Zero-sum   المجموع الصفر
Zero tick   مساو للسعر السابق
Zone   منطقة
Zoning ordinances   أنظمة تحديد المناطق - قوانين تحديد المناطق
Z-Score   طريقة حساب تنبّؤ إفلاس

www.ingramcontent.com/pod-product-compliance
Lightning Source LLC
Chambersburg PA
CBHW071707090426
42738CB00009B/1693
* 9 7 8 9 1 9 7 8 9 5 4 4 6 *